Immanuel Kant

Crítica da
Razão Prática

IMMANUEL KANT

CRÍTICA DA RAZÃO PRÁTICA

Tradução
Antonio Carlos Braga

Lafonte

Título original Alemão: *Kritik der Praktischen Vernunft*
Copyright da tradução © Editora Lafonte Ltda., 2018

Todos os direitos reservados.
Nenhuma parte deste livro pode ser reproduzida sob quaisquer
meios existentes sem autorização por escrito dos editores.

Direção Editorial *Sandro Aloísio*
Organização Editorial *Ciro Mioranza*
Tradução *Antonio Carlos Braga*
Revisão *Suely Furukawa*
Diagramação *Eduardo Nojiri*
Imagem/ Capa *Detalhe de Monumento / foto de Huang Zheng / Shutterstock.com*

Dados Internacionais de Catalogação na Publicação (CIP)
(Câmara Brasileira do Livro, SP, Brasil)

```
Kant, Immanuel, 1724-1804.
   Crítica da razão prática / Immanuel Kant ;
tradução Antonio Carlos Braga. -- São Paulo :
Lafonte, 2018.

   Título original: Kritik der praktischen vernunft.
   ISBN 978-85-8186-283-5

   1. Ética 2. Filosofia alemã 3. Filosofia moderna -
Século 18 4. Kant, Immanuel, 1724-1804. Crítica da
razão prática 5. Razão prática I. Título.
```

18-18117   CDD-193

Índices para catálogo sistemático:

1. Kant : Filosofia alemã : Obras filosóficas   193

Maria Alice Ferreira - Bibliotecária - CRB-8/7964

Editora Lafonte Ltda.

Av. Profa. Ida Kolb, 551 – 3º andar – São Paulo – SP – CEP 02518-000
Tel.: 55 11 3855-2286
atendimento@editoralafonte.com.br • www.editoralafonte.com.br

Índice

Apresentação 7

Prefácio 9

Introdução - Da Ideia de uma Crítica da Razão Prática 21

Primeira Parte

Doutrina dos Elementos da Razão Prática Pura 25

Livro Primeiro - A Analítica Da Razão Prática Pura 27

I - Das Proposições Fundamentais da Razão Prática Pura 29

1º. – Definição 29

Obstáculo 29

2º. – Teorema I 31

3º. – Teorema II 32

Corolário 33

Obstáculo I 33

Obstáculo II 36

4º. – Teorema III 38

Obstáculo 39

5º. – Problema I 40

6º. – Problema II 41

Obstáculo 41

7º. – Lei Fundamental da Razão Prática Pura 43

Obstáculo 43

Corolário 44

Obstáculo 44

8º. – Teorema IV 46

Obstáculo I 47

Obstáculo II 48

Os fundamentos Práticos Materiais da
Determinação no Princípio da Moralidade 54

I - Da Dedução das Proposições Fundamentais da Razão Prática Pura 56

II - Do Direito que a Razão Pura Tem, em seu uso Prático,
a uma Ampliação que, em si, não é Possível para ela no uso Especulativo 65

II - Do Conceito de um Objeto da Razão Prática Pura 73

TABELA DAS CATEGORIAS DA LIBERDADE COM RELAÇÃO AOS
CONCEITOS DO BEM E DO MAL 83
DA TÍPICA DE FACULDADE DE JULGAR PRÁTICA PURA........................... 84
III - DOS IMPULSIONADORES DA RAZÃO PRÁTICA PURA.......................... 91
ELUCIDAÇÃO CRÍTICA DA ANALÍTICA DA RAZÃO PRÁTICA PURA..........................109

LIVRO SEGUNDO - DIALÉTICA DA RAZÃO PRÁTICA PURA 129
I - DE UMA DIALÉTICA DA RAZÃO PRÁTICA PURA EM GERAL 131
II - DA DIALÉTICA DA RAZÃO PURA NA
DETERMINAÇÃO DO CONCEITO DO SUMO BEM 135
1. A ANTINOMIA DA RAZÃO PRÁTICA 138
2. SUPRESSÃO CRÍTICA DA ANTINOMIA DA RAZÃO PRÁTICA 139
3. DO PRIMADO DA RAZÃO PRÁTICA PURA EM SUA LIGAÇÃO COM A
RAZÃO ESPECULATIVA PURA 145
4. A IMORTALIDADE DA ALMA COMO POSTULADO DA RAZÃO PRÁTICA PURA 147
5. A EXISTÊNCIA DE DEUS COMO POSTULADO DA RAZÃO PRÁTICA PURA.............149
6. SOBRE OS POSTULADOS DA RAZÃO PRÁTICA PURA EM GERAL 156
7. COMO É POSSÍVEL CONCEBER, NUMA INTENÇÃO PRÁTICA, UMA AMPLIAÇÃO
DA RAZÃO PURA QUE NÃO SEJA AO MESMO TEMPO UMA AMPLIAÇÃO
DE SEU CONHECIMENTO COMO CONHECIMENTO ESPECULATIVO 158
8. DO ATO DE CONSIDERAR COMO VERDADEIRO PROVINDO DE
UMA NECESSIDADE DA RAZÃO PURA... 165
9. DA RELAÇÃO SABIAMENTE PROPORCIONAL DAS FACULDADES DE CONHECER
DO HOMEM COM SEU DESTINO PRÁTICO 169

SEGUNDA PARTE
DOUTRINA DO MÉTODO DA RAZÃO PRÁTICA PURA.............................. 173

CONCLUSÃO 187

VIDA E OBRA DO AUTOR 191

APRESENTAÇÃO

Crítica da Razão Prática é uma das principais obras de Kant. É uma espécie de contraponto da *Crítica da Razão Pura* que o filósofo havia publicado alguns anos antes. Esta se caracterizava como pura especulação metafísica, enquanto a primeira visa, de modo particular, a considerar a razão um fato real que leva o ser humano a raciocinar sobre os elementos fundamentais de seu princípio e de seu fim em sua existência, sobre os elementos constitutivos de seu pensar e de seu agir segundo parâmetros que ele mesmo se traça, sobre os elementos adicionais ou periféricos que o induzem a refletir sobre o bem e o mal, sobre a felicidade e os meios de conquistá-la, sobre as necessidades e exigências que sente ou que se impõe, sobre sua finitude e sua liberdade frente ao imanente e ao transcendental. Estes questionamentos que partem do intelecto do homem na observação do mundo sensível devem ter uma resposta pelo menos satisfatória, se não puder ser definitiva. A razão consegue propor soluções a estas questões? É o que Kant tenta provar por meio desta obra.

Para tanto, estabelece o primado da razão no ser humano, mas a conecta à liberdade e são as duas que levam a dispor em seu devido lugar o conhecimento, ponto fundamental a priori para a atuação da própria razão prática na vida e no mundo. A razão prática trata, portanto, de sua inserção e de sua atuação no mundo sensível, mundo feito e construído de paradoxos, como o espírito e a matéria, intelecto e os instintos, o sentimento e as inclinações, a vontade e os desejos, o bem e o mal, a liberdade e a submissão, o finito e o infinito, o humano e o sobre-humano, o imanente e o transcendental. A razão se estende por todos os meandros desses conceitos ou realidades, procurando estabelecer conexões entre uns e outros ou entre todos eles em função de um equilíbrio da própria existência do ser humano.

Nessa função de refletir na investigação do que é e do que pode ser na caminhada do finito para o infinito, no percurso do princípio para um fim, a razão recorre a uma ordenação que pode ser traduzida por uma máxima, por uma lei, por uma lei moral, ordenação que está na base da determinação de princípios de equilíbrio, enquanto o homem busca seu fim último como realidade ontológica e sua felicidade plena, realizável na conquista do sumo ou soberano bem. Isso implicaria a exigência de uma divindade e de uma imortalidade do homem? A isto Kant procura responder em sua *Crítica da Razão Prática*.

O tradutor

PREFÁCIO

Porque este tratado não se intitula *Crítica da razão prática pura,* mas simplesmente *Crítica da razão prática em geral,* apesar do paralelismo desta última com a razão especulativa pareça exigir o primeiro título, isto é o que vai ser amplamente explicado neste tratado. Deve somente estabelecer que há uma razão prática pura e, em vista disso, critica todo o poder prático da razão. Conseguindo isso, não necessita criticar o poder em si para ver se a razão, baseando-se somente em tal poder, não presume demais de si mesma (o que ocorre seguramente na razão especulativa). Se, como razão pura, é realmente prática, então prova sua realidade e aquela de seus conceitos por esse fato, e todo raciocínio que negue por ela a possibilidade do ser é vão.

Com esse poder, a *liberdade* transcendental afirma-se também e, na verdade, com essa significação absoluta na qual a razão especulativa tinha necessidade de compreendê-la, no uso do conceito da causalidade, para salvar-se da antinomia em que cai inevitavelmente quando, na série da ligação causal, quer por si mesma julgar o *incondicionado,* sabendo que este conceito, ela não podia, contudo, estabelecê-lo senão de modo problemático, impossível de ser concebido sem assegurar-lhe sua realidade objetiva, mas unicamente para não ser, por uma pretensa impossibilidade do que necessita pelo menos deixar prevalecer como ponderável, atacada em sua própria essência e precipitada no abismo do ceticismo.

O conceito da liberdade, ao mesmo tempo que sua realidade fica demonstrada por meio de uma lei apodítica da razão prática, constitui a pedra angular de todo o edifício de um sistema da razão pura, inclusive da razão especulativa, e todos os demais conceitos (os de Deus e da imortalidade) que, enquanto simples ideias, não encontram apoio na razão especulativa, se aliam agora a esse conceito e adquirem com ele e por ele consistência e realidade objetiva, o que quer dizer que sua *possibilidade* fica *demonstrada* pelo fato de ser liberdade efetivamente real, pois esta ideia se manifesta por meio da lei moral.

A liberdade, porém, é por sua vez a única entre todas as ideias da razão especulativa cuja possibilidade conhecemos *a priori*, sem contudo penetrá-la, porque ela é a condição[1] da lei moral, lei que conhecemos.

As ideias de *Deus* e da *imortalidade* não constituem, porém, condições da lei moral, mas condições do objeto necessário de uma vontade determinada por essa lei, isto é, do simples uso prático de nossa razão pura; por isso, não podemos afirmar *conhecer* e *penetrar*, não direi somente a realidade efetiva dessas ideias, mas até mesmo sua possibilidade. Mas elas são, contudo, as condições da aplicação da vontade moralmente determinada a seu objeto, que lhe é facultado *a priori* (o supremo Bem). Por isso é que se pode e se deve *admitir* sua possibilidade sob esse aspecto prático, sem contudo conhecê-la e penetrá-la teoricamente. Para a última exigência basta, na perspectiva prática, que essas ideias não contenham nenhuma impossibilidade interna (contradição). Há aqui, portanto, se comparado com a razão especulativa, um fundamento meramente *subjetivo* do ato a ser considerado verdadeiro, mas que, por uma razão igualmente pura mas prática, é contudo *objetivamente* válido, porquanto, graças à mediação do conceito de liberdade, se encontram conferidas a realidade objetiva às ideias de Deus e da imortalidade, e a autorização, a própria necessidade subjetiva (exigência da razão pura) de admiti-las, sem que por isso a razão se veja estendida em seu conhecimento teórico, mas que apenas a possibilidade, que antes era somente *problema* e que aqui

---

[1] Para que alguém não julgue encontrar aqui *inconsequências*, por dizer agora que a liberdade é a condição da lei moral e em seguida afirmar neste tratado que a lei moral é a condição sob a qual só podemos *aceder à consciência da liberdade*, quero simplesmente lembrar aqui que a liberdade é sem dúvida a *ratio essendi* (razão de ser) da lei moral, mas que a lei moral é a *ratio cognoscendi* (razão de conhecer) da liberdade. De fato, se a lei moral não fosse em primeiro lugar distintamente pensada em nossa razão, não poderíamos nunca julgar-nos como autorizados a *admitir* uma coisa tal como a liberdade (mesmo que esta não implique contradição). Mas se não houvesse liberdade, então a lei moral não poderia de forma alguma *ser encontrada* em nós.

passa a ser *asserção*, é dada e assim o uso prático da razão é colocado em conexão com os elementos de seu uso teórico. Esta exigência não é idêntica à exigência de uma intenção *arbitrária* da especulação, segundo a qual se teria de admitir algo se se *quiser*, na especulação, fazer um uso completo da razão, mas apenas uma exigência *legal* de admitir alguma coisa, sem que o não se pode produzir aquilo que se deve irremissivelmente se fixar como finalidade daquilo que se deve fazer ou daquilo de que se deve abster-se.

Seria, sem dúvida, mais satisfatório para nossa razão especulativa resolver primeiramente ela mesma esses problemas sem preâmbulos e conservá-los como conhecimento para uso prático; mas infelizmente nossa faculdade de especulação não desfruta de semelhante privilégio. Aqueles que se vangloriam de possuir conhecimentos tão elevados não deveriam guardá-los para si mesmos, mas expô-los publicamente, a fim de poder examiná-los e apreciá-los. Querem *demonstrar*; muito a propósito! Que demonstrem, pois, e a crítica deporá todas as suas armas a seus pés, reconhecendo-os como vencedores. *Quid statis? Nolunt. Atqui licet esse beatis*[2]. Como, de fato, não querem, provavelmente porque não podem, devemos tornar a tomar em mãos essas armas, para procurar esses conceitos de *Deus*, da *liberdade* e da *imortalidade* – para os quais a especulação não encontra garantia suficiente quanto à sua *possibilidade* – no tocante ao uso prático da razão e para fundamentá-los nesse uso.

Por isso é aqui somente que se explica o enigma da crítica, isto é, como se pode *não conferir realidade* objetiva ao *uso* suprassensível das *categorias* na especulação e *reconhecer*, contudo, essa *realidade*, levando em consideração os objetos da razão prática pura; de fato, antes, é preciso que isso pareça necessariamente *inconsequente*, enquanto não se conhece esse uso prático senão pelo nome. Mas se por meio de uma análise completa da razão prática pura, somos levados agora à convicção de que essa realidade pensada não vem parar aqui em alguma *determinação* teórica das *categorias*, nem em qualquer ampliação do conhecimento no suprassensível, mas que se deve entender com isso, sob esse aspecto, que um objeto lhes pertence em qualquer caso, porque elas estão contidas a priori na necessária determinação da vontade ou unidas inseparavelmente como objeto dessa determinação, então essa

---

(2) Verso latino extraído de *Satirae* (I, I, 9) do poeta Quintus Horatius Flaccus (65-8 a.C.) e que significa: "Por que não se mexem? Não querem. E no entanto, poderiam ser felizes" (NT).

inconsequência desaparece, porque se faz desses conceitos uso diverso daquele requerido pela razão especulativa.

Em contrapartida, apresenta-se agora uma confirmação que realmente não se podia esperar antes, e muito satisfatória, da *maneira consequente de pensar* da crítica especulativa, a saber, que a crítica especulativa se esforçou em conferir aos objetos da experiência como tais e, entre eles, a nosso próprio sujeito, o valor de meros fenômenos, mas dispondo também que eles têm como fundamento coisas em si e, por conseguinte, não considerar todo o suprassensível como fictício e seu conceito como desprovido de todo conteúdo; e agora, por outro lado, a razão prática por si mesma e sem ter-se concordado com a razão especulativa, proporciona realidade a um objeto suprassensível da categoria da causalidade, isto é, à *liberdade* (embora, tratando-se de um conceito prático, seja também somente para o uso prático), confirmando assim, portanto, por meio de um fato, o que só podia, no quadro precedente, ser *pensado*. Com isso, a estranha mas indiscutível afirmação da crítica especulativa, de que o próprio *sujeito pensante é para si mesmo, na intuição interna, apenas fenômeno*, adquire ao mesmo tempo, na *Crítica da razão prática*, sua plena confirmação, de tal forma como se deve chegar a admiti-la, mesmo quando a primeira crítica não tivesse demonstrado essa proposição[3].

Por isso compreendo também porque as objeções mais graves que me foram feitas até agora contra a crítica, giram precisamente em torno destes dois pontos, isto é: *de uma parte,* aquele da realidade objetiva das categorias aplicadas aos *números*[4], negada no conhecimento teórico e afirmada no conhecimento prático, *de outra parte,* aquele da exigência paradoxal de fazer de si mesmo um *número,* enquanto sujeito da liberdade, mas ao tempo também um fenômeno, relativamente à natureza, na própria consciência empírica. De fato, enquanto não se possuía conceito algum determinado pela realidade e pela liberdade, não se podia adivinhar, por um lado, o que se podia colocar como número na base do que parece apensas ser fenômeno e, do outro lado, se em qualquer caso seria possível formar-se ainda um conceito

---

(3) A união da causalidade como liberdade com a causalidade como mecanismo natural, afirmando-se a primeira pela lei da moralidade, a segunda por meio da lei natural, e precisamente num único e mesmo sujeito, o homem, é impossível sem representar este como ser em si em relação à primeira e como fenômeno em relação à segunda, no primeiro caso na consciência *pura* e, no segundo caso, na consciência *empírica*. Sem isso, a contradição da razão consigo mesma é inevitável.

(4) *Número,* termo derivado do grego *noúmenon*, a coisa em si, por oposição a *fenômeno*, portanto, sem atributo fenomenal, termo específico da filosofia kantiana (NT).

desse númeno, tendo já anteriormente destinado todos os conceitos do entendimento puro, em seu uso teórico, exclusivamente aos meros fenômenos. Só uma crítica exaustiva da razão prática pode dissipar essa má interpretação e colocar em plena luz o modo consequente de pensar que precisamente constitui sua principal vantagem.

Isso basta para justificar porque, nesta obra, os conceitos e as proposições fundamentais da razão especulativa pura, que já sofreram sua crítica especial, são aqui às vezes submetidos novamente a exame, o que geralmente não convém à marcha sistemática de uma ciência em vias de ser construída (uma vez que não se deve – só isso é autorizado – senão invocar a coisa definitivamente julgada e não colocá-la novamente em debate), mas que *aqui* era permitido e até necessário, porque a razão, com seus conceitos, é considerada nessa passagem com uso inteiramente diverso do que *ali* deles se fez. Semelhante passagem torna, contudo, necessária uma comparação do uso mais antigo com o mais novo, a fim de distinguir muito bem a nova vida da precedente e deixar de observar ao mesmo tempo a relação de uma com a outra. Dessa forma, as considerações dessa classe e, entre outras, aquelas que foram indicadas novamente no conceito da liberdade, mas no uso prático da razão pura, não deverão considerar-se como inserções que talvez só devam servir para encher as lacunas do sistema crítico da razão especulativa (pois este, em seu objeto, é completo) e, como habitualmente acontece numa construção precipitada, para colocar estacas e marcos, se deve tomá-los como verdadeiros membros que tornam perceptível a articulação do sistema, dando a conhecer agora, em sua apresentação real, conceitos que ali só poderiam ser apresentados problematicamente. Esta recordação condiz prioritariamente com o conceito da liberdade, sobre o qual se deve observar com estranheza que muitos homens se vangloriam de penetrá-lo sem dificuldade e de poder explicar sua possibilidade, considerando-o unicamente de um ponto de vista psicológico, quando, se o tivessem examinado cuidadosamente do ponto de vista transcendental, teriam que reconhecer não somente que é *indispensável* enquanto conceito problemático, no uso completo da razão especulativa, mas também que é totalmente *incompreensível* e, se passassem em seguida, munidos desse conceito, ao uso prático da razão, teriam que chegar por si mesmos a determinar precisamente esse conceito em relação às proposições fundamentais desse uso, determinação que não querem, sem isso, reconhecer senão a contragosto. O conceito de liberdade é a pedra de tropeço de todos os *empiristas*, mas é também a chave das proposições fundamentais práticas mais sublimes para os moralistas *críticos*, que compreendem com isso que devem necessariamente proceder *de modo racional*. Por isso peço ao leitor de não deixar escapar, em decorrência de uma leitura apressada, o que será dito sobre o conceito no final da analítica.

Quanto a saber se a semelhante sistema, enquanto é desenvolvido pela razão prática pura a partir desta última, custou muito ou pouco trabalho, sobretudo para não falhar no ponto de vista exato, a partir do qual pode ser adequadamente delineado o conjunto desta, é coisa que devo deixar, para apreciá-la, aos que se familiarizam com esse tipo de trabalho. Esse sistema pressupõe certamente o *Fundamento da metafísica dos costumes*, mas somente na medida em que esta nos faz travar conhecimento provisório com o princípio do dever e fornece deste último, legitimando-a, uma fórmula determinada[5]; de resto, se bastará a si próprio.

Que a *divisão* de todas as ciências práticas não tenha sido aqui referida para que o *todo* fosse *completo*, como o pôde fazer a crítica da razão especulativa, encontra fundamento válido na constituição desse poder prático da razão. De fato, a determinação precisa dos deveres como deveres dos homens, para logo dividi-los, é somente possível se antes o sujeito dessa determinação (o homem) tenha sido conhecido segundo a constituição com a qual ele é existe realmente, embora não seja mais exigido senão o que é requerido em relação ao dever em geral; mas essa determinação não tem lugar numa crítica da razão prática em geral, que só tem que dar de um modo completo os princípios de sua possibilidade, de sua extensão e de seus limites, sem referência particular à natureza humana. A divisão pertence, portanto, ao sistema da ciência e não ao sistema da crítica.

No segundo capítulo da Analítica dei satisfação, assim espero, a certo crítico, amante da verdade e incisivo, mas apesar disso sempre

---

(5) Um crítico que quis encontrar algo para recriminar a este trabalho, foi mais pertinente do que pensava sê-lo provavelmente ele próprio, ao dizer que não se estabeleceu nele nenhum novo princípio, mas apenas uma *nova fórmula* da moralidade. Mas quem pretendesse, portanto, introduzir uma nova proposição fundamental da moralidade em geral e ser, por assim dizer, o primeiro a descobri-la? Como se, antes dele, o mundo tivesse vivido sem que se soubesse o que fosse o dever, ou tivesse estado na ignorância ou permanecido no erro. Mas aquele que sabe o que significa para o matemático uma *fórmula* que determine de modo muito preciso o que se deve fazer para efetuar uma operação e assegurar-se do resultado, não haverá de considerar como algo de desinteressante e de supérfluo uma fórmula que desempenha tal função em consideração a todos os deveres em geral.

amável, que, em sua recensão do mencionado *Fundamento da metafísica dos costumes*, me contestou que *o conceito de bem não foi ali estabelecido* (como devia ser necessário, segundo sua opinião) *antes do princípio moral*[6]; fiquei igualmente atento a algumas outras objeções que me foram dirigidas por homens que manifestam a vontade de tomar a peito a procura da verdade (pois aqueles que só têm diante dos olhos seu antigo sistema e para os quais já foi resolvido de antemão o que deve ser aprovado ou desaprovado, não pedem de qualquer maneira explicação alguma que pudesse opor-se constituir um obstáculo à sua opinião particular); assim também vou proceder doravante.

Quando se trata de determinar uma faculdade particular da alma humana no tocante a suas fontes, seu conteúdo e seus limites, não se pode certamente, por causa da natureza do conhecimento humano, fazer outra coisa senão começar pelas *partes* desta última, pela exposição exata e completa dessas partes (na medida em que isso for possível, dada a situação atual dos elementos do conhecimento já adquiridos). Mas há ainda um segundo ponto que requer a atenção, que é mais *filosófico* e *arquitetônico*: é de captar adequadamente a *ideia do todo* e, partindo dela, considerar numa pura faculdade racional todas essas partes em suas relações recíprocas de umas para com outras, por meio da derivação destas partindo do conceito desse todo. Esse exame e essa garantia só é possível por meio do conhecimento mais íntimo do sistema, e aqueles que, em consideração da primeira

---

(6) Poderiam ainda fazer-me a objeção seguinte: por que não expliquei também com antecedência o conceito da *faculdade de desejar* ou aquele *do sentimento de prazer*, pois se deveria poder, a justo título, pressupor essa explicação como dada pela psicologia. Mas é verdade que até mesmo a definição poderia ser apresentada de tal forma que o sentimento do prazer fosse posto como fundamento da determinação da faculdade de desejar (como também isso costuma ocorrer efetivamente sempre); então, segundo isso, o princípio supremo da filosofia prática resultaria necessariamente empírico, coisa que todavia deve decidir-se antes de mais nada e que é totalmente refutada nesta crítica. Por isso, quero dar aqui esta explicação tal como deve ser, para deixar em aberto ao começar, como é justo, este ponto controvertido. A *vida* é, para um ser, o poder de agir segundo as leis da faculdade de desejar. A *faculdade de desejar* é, para ele, *o poder de ser, por meio de suas representações, causa da realidade efetiva dos objetos dessas representações*. O *prazer é a representação da coincidência do objeto ou da ação com as condições subjetivas da vida*, isto é, com o *poder de uma representação de ser causa no que concerne à realidade efetiva de seu objeto* (ou da determinação das forças do sujeito para a ação de produzi-lo). Não necessito mais a propósito, em vista da crítica, dos conceitos tomados da psicologia; a própria crítica se ocupa do resto. Percebe-se facilmente que a questão de saber se o prazer deve sempre ser situado como fundamento da faculdade de desejar ou se pode também, sob certas condições, simplesmente seguir a determinação desta última, é uma questão que, para além desta explicação, fica em aberto, pois esta explicação se compõe exclusivamente de noções do entendimento puro, isto é, categorias que não contêm nada de empírico. É uma prudência que deve ser realmente recomendada em toda a filosofia, embora se encontre muitas vezes negligenciada, consistindo em não antecipar seus julgamentos por meio de definições ousadas, antes da análise completa do conceito, análise que frequentemente só se alcança bem tarde. Também se observará em todo o decurso da crítica (tanto da razão teórica como da razão prática) que nele se apresentam muitas ocasiões de suprir certas lacunas do velho percurso dogmático da filosofia e de corrigir erros que não se observam antes de fazer dos conceitos um uso por meio da razão *de tal modo que empenha o todo desta última*.

investigação se tivessem enfastiado, julgando, portanto, que não valia a pena adquirir esse conhecimento, não podem aceder ao segundo grau, isto é, à vista do conjunto, que é um regresso sintético àquele que foi dado primeiramente de forma analítica, não sendo de admirar se se encontrarem inconsequências em toda parte, embora as lacunas que essas últimas incitam a supor não se encontrem no próprio sistema, mas somente no decurso inconsequente de seu próprio pensamento.

Não temo de forma alguma, com relação a este tratado, recriminação de querer introduzir uma *nova linguagem*, porque o tipo de conhecimento aqui tem por si mesmo algo de popular. Esta recriminação a propósito da primeira crítica não poderia também ocorrer à mente de quem quer que tivesse não só observado, mas meditado. Forjar palavras novas, precisamente onde o idioma já por si mesmo não necessita de expressões para determinados conceitos, é um esforço pueril para se distinguir entre a multidão por meio de um remendo novo num traje velho, por falta de poder fazê-lo por meio de pensamentos novos e verdadeiros. Entretanto, se os leitores desse escrito dispõem de expressões mais populares, mas que sejam tão bem apropriadas ao pensamento como me parecem serem as outras, ou também se se sentirem capazes de mostrar a inconsistência desses pensamentos em si mesmos e, por conseguinte, de toda a expressão que os designe, com isso me prestariam um grande favor no primeiro caso, porque só quero ser compreendido e, no segundo caso, eles mereceriam realmente um pouco de filosofia. Mas enquanto esses pensamentos resistirem realmente, duvido muito que seja possível encontrar para eles, em vista disso, expressões adequadas e, no entanto, mais correntes[7].

Desse modo, portanto, os princípios *a priori* de duas faculdades do espírito, a faculdade de conhecer e a faculdade de desejar, são agora

---

(7) Temo mais (que essa incompreensibilidade), neste caso, de quando em quando, uma má interpretação no que diz respeito a certas expressões que escolhi com o maior cuidado, para não deixar falho o conceito a que se referem. Desse modo, na tabela das categorias da razão *prática*, sob o título da modalidade, o *permitido* e o *proibido* (o que prática e objetivamente é possível e impossível) têm no uso corrente quase o mesmo sentido que a categoria que os segue imediatamente, aquela do *dever* e *daquilo que o nega*; mas aqui os *primeiros* termos devem significar o que está de acordo ou em contradição com um preceito prático meramente *possível* (como, por exemplo, a solução de todos os problemas da geometria e da mecânica); os *segundos*, o que, sob a relação concernente, se baseia numa lei que repousa *realmente* na razão em geral e essa diferença de significação não é tampouco totalmente estranha ao uso corrente da linguagem, ainda que seja pouco habitual. Assim, por exemplo, é *proibido* a um orador, como orador, a forjar palavras ou construções novas; isso é *permitido*, em certa medida, ao poeta: em nenhum desses dois exemplos se cogita então de dever. De fato, aquele que quiser perder sua reputação de orador, ninguém pode impedi-lo. Trata-se aqui somente de distinguir os *imperativos* em função do caráter *problemático, assertórico* e *apodítico* do fundamento da determinação. De igual modo, nessa nota em que opus umas às outras as ideias morais de perfeição prática segundo diversas escolas filosóficas, estabeleci uma diferença entre a ideia da sabedoria daquela da santidade,

descobertas e determinadas segundo as condições, a extensão e os limites de seu uso e com isso também é estabelecido o fundamento sólido para uma filosofia sistemática, teórica bem como prática, como ciência.

Mas o que poderia ser mais desastroso para esses trabalhos seria que alguém fizesse a inesperada descoberta de que não há em parte alguma nem poderia haver qualquer conhecimento *a priori*. Mas tal perigo não existe. Seria exatamente como se alguém quisesse demonstrar por meio da razão que não há razão. De fato, nós afirmamos conhecer alguma coisa pela razão somente quando temos consciência de que poderíamos sabê-la também, mesmo se ela não nos fosse apresentado dessa forma na experiência, sendo, por conseguinte, a mesma coisa conhecimento racional e conhecimento *a priori*. Querer de uma proposição da experiência tirar a necessidade (*ex pumice aquam*[8]), querer com isso conferir também a um juízo a verdadeira universalidade (sem a qual não há raciocínio, consequentemente tampouco raciocínio por analogia, que comporta uma universalidade e uma necessidade objetiva, pelo menos presumidas, e pressupõe, portanto, sempre estas) é uma contradição manifesta. Substituir a necessidade subjetiva, isto é, o costume, à necessidade objetiva que só existe nos juízos *a priori*, significa negar à razão o poder de julgar sobre o objeto, ou seja, de conhecer este e o que pode lhe ser atribuído, e significa, por exemplo, que não se poderia, pelo fato de o hábito seguir sempre um certo antecedente, dizer que se pode deste concluir aquele (pois isso indicaria uma necessidade objetiva e o conceito de uma ligação *a priori*) mas sim que só se podem

---

ainda que tenha igualmente explicado que eram no fundo e objetivamente idênticas. Mas nessa passagem, não entendo por sabedoria senão aquela que o homem (o estoico) se arroga, portanto, aquela que é *subjetivamente* inventada como uma qualidade atribuível ao homem. (Talvez o termo *virtude*, usado com tanta frequência pelo estoico, pudesse melhor assinalar a característica de sua escola). Mas é ainda o termo *postulado* da razão prática pura que pôde, no mais, ocasionar interpretações errôneas, quando era confundida com ela a significação que têm os postulados da matemática pura, significação que implica uma certeza apodítica. Ora, estes postulam a *possibilidade de uma ação*, cujo objeto foi de antemão teoricamente reconhecido *a priori* com certeza total como *possível*. Mas aqueles postulam até a possibilidade de um *objeto* (Deus e a imortalidade da alma) a partir de leis *práticas* apodíticas, portanto, unicamente pela exigência de uma razão prática; com efeito, essa certeza da possibilidade postulada não é de modo algum uma necessidade conhecida teoricamente e, por conseguinte, tampouco de modo apodítico, isto é, relativamente ao objeto, mas é uma suposição necessária relativamente ao sujeito, para observar as leis objetivas, mas práticas, dessa razão e, portanto, apenas uma hipótese necessária. Não consegui encontrar expressão melhor para essa necessidade subjetiva, embora verdadeira e incondicionada, da razão.

(8) Expressão latina extraída de *Persa* (I, II, 41), obra do poeta Tullius Maccius Plautus (254-184 a. C.), e que significa "tirar água da pedra-pomes" (NT).

esperar casos similares (como ocorre nos animais), isto é, rejeitar no fundo o conceito de causa como falso e como uma simples ilusão do pensamento. Se quiséssemos remediar essa carência do valor objetivo e, por conseguinte, da validez universal que dele resulta, alegando que não se observa fundamento algum para atribuir a outros seres racionais outro modo de representação, proporcionado-nos isso uma conclusão verossímil, resultaria que nossa ignorância nos prestaria mais serviço na ampliação de nosso conhecimento do que toda reflexão. Com efeito, pelo simples fato de que não conhecemos outros seres racionais fora do homem, teríamos o direito de lhes atribuir a constituição que nos reconhecemos a nós mesmos, o que significa que os conheceríamos realmente. Não quero mencionar aqui que não é a universalidade do ato de ter por verdadeiro que prova o valor objetivo de um juízo (isto é, seu valor como conhecimento), mas que, mesmo que essa universalidade acaso existisse, isso não forneceria ainda uma prova da coincidência com o objeto; antes, é somente o valor objetivo que constitui o fundamento de um acordo universal e necessário.

Hume ficaria muito a gosto nesse *sistema do empirismo universal* com relação às proposições fundamentais, pois, pedia unicamente, como se sabe, que fosse admitido, em lugar de toda significação objetiva da necessidade no conceito de causa, uma significação puramente subjetiva, ou seja, o costume, para negar à razão qualquer juízo sobre Deus, a liberdade e a imortalidade; e era certamente bem hábil, contanto que lhe fossem concedidos apenas os princípios, para tirar deles as conclusões com todo o rigor lógico. Mas o próprio *Hume* não fez o empirismo tão universal a ponto de incluir nele também a matemática. Considerava como analíticas as proposições desta e, se isso fosse exato, seriam efetivamente apodíticas, ainda que de modo algum se pudesse concluir disso que uma faculdade da razão trouxesse, inclusive em filosofia, juízos apodíticos, isto é, juízos que fossem sintéticos (como a proposição da causalidade). Mas se se afirmasse *universalmente* o empirismo dos princípios, então a matemática também ficaria incluída nele.

Pois bem, se a matemática entra em conflito com a razão, que só admite proposições fundamentais empíricas, o que é inevitável na antinomia, posto que a matemática prova de modo irrefutável a divisibilidade infinita do espaço, enquanto o empirismo não pode admiti-lo, então a maior evidência possível da demonstração está em contradição manifesta com os pretensos raciocínios a partir de princípios tirados da experiência e, desde então, é preciso se perguntar, como o cego de *Cheselden*[9]: O que é que me engana: a vista ou o tato? (De fato, o empirismo se funda numa necessidade *sentida*; o racionalismo numa necessidade *penetrada*). E assim o empirismo universal se revela como o verdadeiro *ceticismo* que foi imputado sem razão a *Hume*, numa significação tão ilimitada[10], porquanto este pelo menos deixava subsistir, com a matemática, uma pedra de toque infalível para a experiência, enquanto que o ceticismo não reconhecia em absoluto qualquer pedra de toque (que nunca poderá encontrar fora dos princípios *a priori*), embora ela não seja realmente constituída somente de sentimentos, mas também de juízos.

Entretanto, como nesta época filosófica e crítica é difícil levar a sério esse empirismo e que provavelmente não se desenvolveu senão em vista de exercer o poder de julgar e para projetar luz, por meio de contrastes, na necessidade de princípios racionais *a priori*, pode-se da mesma forma agradecer aos que querem se dedicar a este trabalho que, à parte isso, infelizmente é bem pouco instrutivo.

---

(9) William Cheselden (1688-1752), cirurgião e anatomista inglês, autor de *Anatomia do corpo humano*. Tornou-se famoso por suas operações da catarata e particularmente pela exitosa operação de um jovem cego de nascença (NT).

(10) Os nomes que designam a filiação a uma seita provocaram, desde sempre, muitas alterações no direito; é mais ou menos como se alguém dissesse: *Fulano é um idealista*. De fato, embora não se contente em absoluto de simplesmente conceder, mas insista em afirmar que a nossas representações de coisas exteriores correspondam objetos reais de coisas exteriores, quer, no entanto, que a forma de sua intuição não seja inerente a essas coisas, mas somente ao espírito humano.

Introdução

Da Ideia de uma Crítica da Razão Prática

O uso teórico da razão se ocupava de objetivos da mera faculdade de conhecer e uma crítica da razão, em vista desse uso, se referia somente, falando propriamente, à faculdade *pura* do conhecimento, porque esta faculdade despertava suspeitas, as quais também logo se confirmavam, de que a mesma se perde facilmente para além de seus limites, entre objetos inacessíveis ou até em conceitos em conflito uns com os outros. Com o uso prático da razão ocorre coisa bem diversa. Nesse uso a razão se ocupa de fundamentos da determinação da vontade, que é um poder de produzir objetos correspondentes às representações ou, pelo menos, de determinar-se a si própria para efetuar isso (seja ou não suficiente para isso o poder físico), isto é, de determinar sua causalidade. De fato, aqui pelo menos a razão pode bastar para a determinação da vontade, tendo sempre realidade objetiva, na medida em que o querer é a única condição. Aí está, portanto, a primeira questão que se apresenta: bastará a razão pura, somente por si, para a determinação da vontade, ou pode ser, só como empiricamente condicionada, um fundamento da determinação da vontade? Ora, aqui se apresenta um conceito da causalidade, legitimado pela crítica da razão pura, mas que certamente não é suscetível de nenhuma exposição empírica, isto é, o conceito de *liberdade*; e se podemos agora descobrir argumentos para provar que essa propriedade pertence efetivamente à vontade humana (e do mesmo modo também à vontade de todos os seres racionais), então não ficará simplesmente estabelecido com isso que a razão pura pode ser prática, mas também que só ela, e não a razão empiricamente limitada, que é prática de um modo incondicionado. Por conseguinte, não deveremos trabalhar numa crítica da razão *prática pura*, mas somente da razão prática em geral. De fato, a razão pura, se preliminarmente se demonstrou que existe tal razão, não necessita de crítica. Ela mesma contém a regra para a crítica de todo o seu uso. Compete, pois, à critica da razão prática em geral afastar a razão empiricamente condicionada da pretensão de querer proporcionar de forma exclusiva, sozinha, o fundamento da determinação da vontade. Somente o uso da razão pura, quando ficar estabelecido que há razão pura, é imanente; em contrapartida, o uso empiricamente condicionado, que se arroga o poder absoluto, é transcendente e se manifesta em exigências e mandamentos que ultrapassam totalmente sua esfera, o que constitui precisamente a situação inversa daquela que poderíamos constatar a propósito da razão em seu uso especulativo.

Entretanto, como é sempre razão pura, cujo conhecimento serve aqui de fundamento ao uso prático, será necessário que a divisão de uma crítica da razão prática seja, em suas grandes linhas, organizada em conformidade com a razão especulativa. Será necessário, portanto, ter uma *doutrina dos elementos* e uma *doutrina do método* da razão prática; na doutrina dos elementos, como primeira parte, uma *analítica* enquanto regra da verdade, e uma *dialética*, como exposição e solução da ilusão nos juízos da razão prática. Mas a ordem da subdivisão da analítica será ainda uma vez o inverso do usado na crítica da razão especulativa pura. De fato, na presente crítica, começando pelas *proposições fundamentais*, passaremos aos *conceitos* e destes somente, se for possível, aos sentidos; enquanto que, ao contrário, no caso da razão especulativa, foi necessário começar pelos sentidos e terminar pelas proposições fundamentais. O motivo disso se encontra, com efeito, uma vez mais no que temos de tratar agora com uma vontade, devendo considerar a razão, não em sua relação com os objetos, mas com essa vontade e com sua causalidade, pois as proposições fundamentais dessa causalidade empiricamente incondicionada constituem o ponto de partida, a partir do qual só se pode ensaiar a fixação de nossos conceitos relativos ao fundamento da determinação de semelhante vontade, de sua aplicação aos objetos e, por fim, ao sujeito e à sua sensibilidade. A lei da causalidade por liberdade, isto é, uma proposição fundamental prática pura, constitui aqui inevitavelmente o ponto de partida e determina os objetos aos quais pode exclusivamente se referir.

PRIMEIRA PARTE DA CRÍTICA DA RAZÃO PRÁTICA

DOUTRINA DOS ELEMENTOS DA RAZÃO PRÁTICA PURA

Livro Primeiro
A Analítica da
Razão Prática Pura

CAPÍTULO I

Das Proposições Fundamentais da Razão Prática Pura

1º. – Definição

Proposições fundamentais práticas são proposições que encerram uma determinação geral da vontade, determinação de que dependem diversas regras práticas. Elas são subjetivas, ou são máximas, quando a condição é considerada pelo sujeito apenas válida para sua vontade; são, por outro lado, objetivas ou leis práticas, quando essa condição é reconhecida como objetiva, isto é, válida para a vontade de todo ser racional.

Obstáculo

Admitindo-se que a razão *pura* possa encerrar em si um fundamento prático, isto é, suficiente para a determinação da vontade, então há leis práticas; mas, se não for o caso, então todas as proposições fundamentais práticas serão simples máximas. Na vontade patologicamente afetada de um ser racional pode-se encontrar um conflito opondo as máximas às leis práticas reconhecidas pelo mesmo. Por exemplo, alguém pode adotar por máxima não suportar qualquer ofensa sem se vingar e, contudo, reconhecer ao mesmo tempo que isso não constitui nenhuma lei prática, mas apenas sua própria máxima e que, de modo inverso, como regra para a vontade de todo ser racional, não pode concordar consigo mesma numa só e única máxima. No conhecimento da natureza, os princípios do que ocorre (por exemplo, o princípio da igualdade da ação e da reação na comunicação do movimento) são ao mesmo tempo leis da natureza, pois o uso da razão está ali é teórico e determinado pela natureza do objeto.

No conhecimento prático, isto é, naquele que só tem que tratar dos fundamentos da determinação da vontade, as proposições fundamentais que alguém fixa em si mesmo não são ainda por isso leis a que inevitavelmente se seja submetido, porque a razão na prática se ocupa do sujeito, ou seja, da faculdade de desejar, segundo cuja constituição especial a regra pode se conformar de maneira bem diversa. A regra prática é sempre um produto da razão, porque prescreve a ação, como meio em vista do efeito, considerado como intenção.

Esta regra, porém, para um ser no qual a razão não é, de maneira totalmente exclusiva, fundamento da determinação da vontade, é um *imperativo*, isto é, uma regra designada pelo verbo dever (*ein Sollen*) que exprime a compulsão objetiva que a ação impõe e ela significa que, se a razão determinasse totalmente a vontade, a ação se produziria indefectivelmente segundo essa regra. Os imperativos são, portanto, objetivamente válidos e são totalmente distintos das máximas, porquanto estas últimas são proposições fundamentais subjetivas. Os imperativos determinam, contudo, seja as condições da causalidade do ser racional como causa eficiente, só em consideração do efeito e da capacidade para produzi-lo, seja que determinam só a vontade, não importando se é ou não suficiente para o efeito.

Os primeiros seriam imperativos hipotéticos e encerrariam apenas simples preceitos da habilidade; os segundos, de forma inversa, seriam categóricos, constituindo, somente eles, leis práticas. Máximas são, portanto, certamente *proposições fundamentais*, mas não imperativos. Os próprios imperativos, contudo, quando são condicionados, isto é, quando não determinam a vontade exclusivamente como vontade, mas somente em vista de um efeito desejado, ou seja, quando são imperativos hipotéticos, constituem, na verdade, preceitos *práticos*, mas não *leis*. É necessário que estas últimas determinem suficientemente a vontade como vontade, antes mesmo que eu indague se tenho realmente o poder requerido em vista de um efeito desejado ou o que devo fazer para produzir esse efeito; é necessário, portanto, que sejam categóricas, do contrário não são leis, pois lhes faltaria a necessidade de que precisa, se tem de ser prática, para ser independente de condições patológicas e, por isso mesmo, casualmente ligadas à vontade. Digam a alguém, por exemplo, que deve trabalhar e poupar na juventude para não sofrer a miséria na velhice; trata-se de um preceito justo e ao mesmo tempo importante da vontade. Vê-se logo, porém, que a vontade está orientada para alguma *outra coisa* que se supõe que ela deseje, e esse desejo deve ser confiado à responsabilidade do próprio agente, seja que ele preveja ainda outros recursos além da fortuna por ele próprio adquirida, seja porque não tem esperança alguma de ficar velho, seja porque pensa que, se um dia se encontrar na miséria, poderá satisfazer-se com pouco.

A razão, da qual unicamente pode sair toda a regra que deva conter necessidade, inclui imediatamente também a necessidade nesse preceito que é seu (pois sem esta, não seria um imperativo), mas essa necessidade só está condicionada subjetivamente e não se pode supô-la num mesmo grau em todos os sujeitos. Em contrapartida, para sua legislação se exige que só necessite pressupor-se a si mesma, porque a regra é objetiva e universalmente verdadeira só quando vale sem condições subjetivas contingentes que distinguem tal ser racional de tal outro. Pois bem, digam a alguém que nunca deve fazer promessas falsas; neste caso se tem uma regra que diz respeito unicamente à sua vontade, sejam ou não as intenções que o homem pode ter realizáveis por essa vontade; o simples querer é que deve ser determinado completamente *a priori* por essa regra. Se, no entanto, julgar que essa regra seja praticamente justa, então é uma lei, porque se trata de um imperativo categórico. As leis práticas só se referem, portanto, à vontade, sem ter em conta o que for efetuado pela causalidade da vontade, podendo-se fazer abstração dessa causalidade (como pertencente ao mundo dos sentidos) para obter essas leis em sua transparência.

2º. – TEOREMA I

Todos os princípios práticos que pressupõem um *objeto* (matéria) da faculdade de desejar como fundamento da determinação da vontade são, em sua totalidade, empíricos e não podem dar leis práticas.

Entendo por matéria da faculdade de desejar um objeto cuja realidade é desejada. Se, portanto, o desejo desse objeto precede à regra prática e se é a condição para adotá-la como princípio, digo (*em primeiro lugar*) que esse princípio é então sempre empírico. De fato, o fundamento da determinação do arbítrio é então a representação de um objeto e essa relação da representação com o sujeito, pela qual a faculdade de desejar é determinada para a realização efetiva desse objeto. Ora, tal relação com o sujeito se chama o *prazer* na realidade efetiva de um objeto. Seria necessário, portanto, que esse prazer fosse pressuposto como condição da possibilidade da determinação do arbítrio. Mas de nenhuma representação de qualquer objeto, seja qual for, pode conhecer-se *a priori* se está ligada com o *prazer*, com a *dor* ou se é *indiferente*. Em semelhante caso, portanto, é necessário que o fundamento da determinação do arbítrio seja sempre empírico, portanto, o princípio material prático que o pressupunha igualmente como sua condição.

Ora, como (*em segundo lugar*) um princípio se fundamenta somente na condição subjetiva da receptividade de um prazer ou de uma dor (que em qualquer caso só pode ser conhecida empiricamente e não poderia ser válida da mesma maneira para todos os seres racionais) pode certamente muito bem servir, para um sujeito que possui essa receptividade, como *máxima* desta última, mas não pode, por outro lado, servir para essa mesma receptividade como *lei* (porque carece de necessidade objetiva que deve ser conhecida *a priori*), resultando que tal princípio nunca pode dar uma lei prática.

3º. – TEOREMA II

Todos os princípios práticos materiais são, como tais, em sua totalidade, de uma só e mesma classe e devem ser incluídos no princípio geral do amor a si mesmo ou da felicidade pessoal.

O prazer proveniente da representação da existência de uma coisa, enquanto deva ser um fundamento da determinação do desejo dessa coisa, se fundamenta na *receptividade* do sujeito, porque *depende* da existência de um objeto; por conseguinte, esse prazer pertence ao sentido (sentimento) e não ao entendimento, o qual exprime uma relação da representação com um *objeto*, segundo conceitos, mas não com o sujeito segundo sentimentos. O prazer, por consequência, é pratico só enquanto a sensação do agrado que o sujeito espera da realidade efetiva do objeto determina a faculdade de desejar. Mas precisamente a consciência que um ser racional tem do agrado da vida, agrado que o acompanha em toda sua existência, é a *felicidade*, e o principio que faz desta o supremo fundamento da determinação do arbítrio é o principio do amor de si. Assim, pois, todos os princípios materiais que colocam o fundamento da determinação do arbítrio no prazer ou na dor suscetíveis de serem sentidos por causa da realidade efetiva de algum objeto, são inteiramente de *uma só e mesma espécie*, quando todos eles pertencem ao princípio do amor de si mesmo ou da felicidade pessoal.

COROLÁRIO

Todas as regras práticas *materiais* põem o fundamento da determinação da vontade na *faculdade inferior de desejar* e, se não houvesse absolutamente nenhuma lei *simplesmente formal* para essa faculdade de desejar, que determinasse a vontade de modo suficiente, então não se poderia igualmente admitir *qualquer faculdade superior de desejar*.

OBSTÁCULO I

É de admirar como homens tidos por perspicazes julguem encontrar diferença entre *faculdade de desejar inferior e superior* naquilo que as representações que são unidas à sensação de prazer tenham a sua origem nos *sentidos* ou no *intelecto*.

Com efeito, quando se procura os fundamentos da determinação do desejo, colocando-os no prazer que se espera de alguma coisa, não nos inquieta saber de onde vem a *representação* desse objeto agradável, mas somente como *causa prazer*. Se uma representação, mesmo que pudesse ter sua sede e sua origem no intelecto, não pode determinar o arbítrio senão porque supõe no sujeito uma sensação de prazer, então o fato de que ela seja um fundamento da determinação do arbítrio depende totalmente da constituição do sentido interior, isto é, que este possa ser agradavelmente afetado por ela. As representações dos objetos podem ser tão heterogêneos quanto se quiser, podem ser representações da inteligência, da própria razão, em oposição às representações dos sentidos; entretanto, o sentido do prazer, mediante o qual somente essas representações constituem o fundamento da determinação da vontade (o bem-estar, o prazer que se espera e que impulsiona a atividade para tornar o objeto presente) é de uma só e mesma espécie, não só porque nunca pode ser conhecido senão empiricamente, mas porque também afeta uma só e mesma força vital, que se manifesta na faculdade de desejar e que, nesta relação, não pode diferir em nada de qualquer outro fundamento da determinação, a não ser pelo grau. De modo diverso, como se poderia estabelecer uma comparação, sob o aspecto da *grandeza*, entre dois fundamentos da determinação diferindo inteiramente pelo modo de representação, para preferir aquele que mais afete a faculdade de desejar? É realmente o mesmo homem que, para não perder uma caçada, pode devolver, sem ao menos tê-lo lido, um livro muito instrutivo para si, que depois não estará mais a sua disposição; só ele pode interromper um belo discurso para não chegar tarde a uma ceia; abandonar uma conversação em que se trocam propostas razoáveis, que geralmente aprecia muito, para sentar-se à mesa de jogo; pode ainda repelir um pobre, que geralmente socorre com satisfação, por só ter no bolso nesse momento dinheiro exato para pagar sua entrada no teatro. Se a determinação da vontade repousa na sensação do agrado ou do desagrado que espera de uma causa qualquer, então lhe é totalmente indiferente saber por qual modo de representação é afetado. Para decidir-se, necessita apenas saber qual a intensidade, a duração e a facilidade para buscar esse prazer e como renová-lo.

Da mesma forma que é totalmente indiferente para aquele que necessita de ouro para suas despesas que esse ouro, enquanto matéria, tenha sido extraído da montanha ou recolhido por garimpagem, contanto que em toda a parte seja aceito pelo mesmo valor, da mesma forma que nenhum homem se preocupa em saber, quando o que lhe interessa é somente a grata sensação da vida, se prazer lhe é proporcionado por representações do intelecto ou dos sentidos, mas se preocupa somente da *quantidade e da intensidade do prazer* que lhe proporcionam pela maior duração de tempo possível. Só aqueles que gostariam de contestar à razão pura o poder de determinar a vontade sem pressupor qualquer sentimento, podem extraviar-se em sua própria explicação, a ponto de declarar depois como totalmente heterogêneo aquele princípio que antes tinham referido como um só e mesmo princípio. Assim, por exemplo, constata-se que se pode encontrar prazer no *simples exercício de nossa força*, na consciência da energia de nossa alma para superar os obstáculos que se opõem a nosso projeto, no cultivo das aptidões do espírito, etc., e chamamos tudo isso, a justo título, alegrias e felicidade *mais refinadas*, porque, mais que outros, dependem de nós, porque não se debilitam com o uso, mas fortalecem ainda mais o sentimento do desejo de desfrutar delas sempre mais e porque, ao realizar nossa felicidade, ao mesmo tempo nos cultivam. Mas que eles os apresentem, por esse motivo, como a maneira de determinar a vontade de outro modo a não ser pelo sentido, quando para a própria possibilidade daqueles prazeres pressupõem como condição primeira dessa satisfação um sentimento implantado em nós para esse efeito, é exatamente comparável ao que fazem os ignorantes, que gostariam realmente de se envolver em metafísica, quando representam a matéria tão fina, tão sutil, que acabam por ter eles próprios vertigens e acreditam então ter concebido dessa maneira um ser *espiritual*, porém extenso.

Admitindo-se com Epicuro[1] que a virtude não determina a vontade, a não ser pelo prazer que a mesma promete, não podemos em seguida criticá-lo pelo fato de considerar esse prazer como inteiramente idêntico aos prazeres dos sentidos mais grosseiros, pois não há fundamento algum para recriminá-lo por ter atribuído somente aos sentidos corporais as representações pelas quais esse sentimento seria suscitado em nós. Ele pesquisou a fonte de muitas delas, pelo que podemos conjeturar, também no uso da faculdade superior do conhecimento; mas isso não o impediu, nem mesmo poderia impedi-lo, segundo o mencionado princípio, de considerar o próprio prazer que essas representações certamente intelectuais nos asseguram e pelo qual somente elas podem ser fundamentos da determinação da vontade, como se fossem realmente da mesma espécie dos outros prazeres.

Ser *consequente* é o que mais importa a um filósofo; entretanto, é o que mais raramente se encontra. As antigas escolas gregas nos apresentam mais exemplos dessas virtudes do que não encontramos em nosso século *sincretista*, no qual se constrói um vago *sistema de coalizão* de proposições fundamentais contraditórias, marcado pelo má-fé e pela superficialidade, porque convém melhor a um público que se satisfaz com saber um pouco de tudo, sem nada saber definitivamente, e que pretende, contudo, estar a par de todos os assuntos.

O princípio da felicidade pessoal, seja qual for o uso que nele se faça do intelecto e da razão, não poderia compreender outros fundamentos da determinação para a vontade, salvo se forem conformes à faculdade *inferior* de desejar e, por conseguinte, ou não há nenhuma faculdade

---

(1) Epicuro (341-270 a.C.), filósofo grego, fundador da corrente filosófica do epicurismo que pregava o desfrute da vida, dos bens materiais com ponderação e medida (NT).

superior de desejar, ou a *razão pura* tem que ser por si só prática, isto é, tem que poder determinar a vontade mediante a mera forma de regra prática, sem pressuposição de um sentimento, qualquer que seja, e,portanto, sem representações do agradável ou do desagradável enquanto matéria da faculdade de desejar, matéria que sempre é uma condição empírica dos princípios; é necessário que ela possa determinar a vontade pela única forma da regra prática. Só então a razão é, enquanto determina por si mesma a vontade (não estando a serviço das inclinações), uma verdadeira faculdade *superior* de desejar, à qual está subordinada aquela que é patologicamente determinável, e ela é efetivamente, até mesmo *especificamente*, distinta desta última, tanto assim que a menor introdução dos impulsos desta acarreta prejuízo à sua força e à sua superioridade, da mesma forma que o menor elemento empírico, introduzido como condição numa demonstração matemática, lhe diminui e lhe aniquila a autoridade e a solidez. A razão, numa lei prática, determina a vontade imediatamente e não por intermédio de um sentimento interpolado de prazer ou de dor, nem mesmo de um sentimento suscitado por essa lei e isso somente porque pode ser prática enquanto razão pura, o que lhe possibilita ser *legisladora*.

Obstáculo II

Ser feliz é necessariamente algo a que aspira todo ser racional, mas finito, e é, portanto, um inevitável fundamento da determinação de sua faculdade de desejar. Com efeito, estar sempre satisfeito com toda a sua existência não é de algum modo uma posse original e uma felicidade que supusesse uma consciência de sua independência completa e perfeita, mas é um problema que lhe impõe sua própria natureza finita, porque é um ser que tem necessidade; e essa necessidade se relaciona com a matéria de sua faculdade de desejar, isto é, a alguma coisa que se refere a um sentimento de prazer ou de dor, que constitui subjetivamente seu fundamento, determinando o que esse ser necessita para contentar-se com sua situação.

Mas precisamente porque esse fundamento material de determinação só pode ser conhecido empiricamente pelo sujeito, é impossível considerar essa tarefa como uma lei, porque seria necessário que esta, sendo objetiva, contivesse em todos os casos e para todos os seres racionais *precisamente o mesmo fundamento da determinação* da vontade. De fato, embora o conceito de felicidade constitua *em toda parte* o fundamento da relação prática dos *objetos* com a faculdade de desejar, não é mais do que o título geral dos fundamentos subjetivos de determinação e não determina nada especificamente, do que decorre, portanto, que se refaz justamente a esse problema prático que, sem essa determinação, não pode em absoluto ser resolvido.

Com efeito, aquilo em que cada um pode colocar sua felicidade depende da sensação de prazer e de dor própria a cada um, e mesmo num só e mesmo sujeito, seguindo-se da diversidade da necessidade as variações desse sentimento, e uma lei *subjetivamente necessária* (como lei natural) é assim *objetivamente* um princípio prático totalmente *contingente*, que pode e deve ser diverso em diferentes sujeitos e que, por conseguinte, não pode jamais dar uma lei; pois, o que importa, no desejo da felicidade, não é a forma da conformidade da lei, mas somente a matéria, isto é, saber se e em que medida posso esperar prazer de meu cumprimento da lei. Princípios do amor-próprio podem certamente encerrar regras gerais de habilidade (inventar os meios requeridos por intenções), mas não se trata então de princípios teóricos[2], por exemplo, o princípio que diz como aquele que gostaria realmente de comer pão teria de inventar um moinho. Mas preceitos práticos que se baseiam nesses princípios não podem jamais ser universais, porque o fundamento da determinação da faculdade de desejar se baseia no sentimento de prazer e de dor, do qual nunca se pode supor que vise universalmente aos mesmos objetos.

Suponhamos, contudo, que seres racionais finitos pensassem sempre de uma só e mesma maneira acerca de seus sentimentos de prazer e de dor, bem como acerca dos meios adequados para conseguir uns e evitar outros, não poderiam, no entanto, tomar *por lei* prática o *princípio do amor-próprio*, porque essa identidade seria por si mesma contingente, mesmo que fosse vista por eles como *lei prática*. O fundamento da determinação continuaria sendo válido só subjetivamente e seria simplesmente empírico, não havendo essa necessidade que acompanha toda lei, a saber, a necessidade objetiva

---

(2) Proposições que em matemática ou em física são qualificadas de *práticas* deveriam mais propriamente ser chamadas *técnicas*. De fato, não é de forma alguma a determinação da vontade que está em jogo nestas ciências; elas indicam somente o detalhe de uma ação possível, aquele cujo conhecimento é suficiente para produzir um efeito determinado e são, portanto, tão teóricas como todas as proposições que afirmam a conexão da causa com um efeito. Por isso é necessário que aquele que deseja o efeito admita também que é necessário que haja uma causa.

inerente aos fundamentos *a priori*; não se deveria, então, de modo algum qualificar essa necessidade de prática, mas simplesmente de física, no sentido de que a ação nos seria igualmente imposta inevitavelmente por nossa inclinação, como o bocejo é para nós quando vemos outros bocejar. Melhor ainda, poderíamos afirmar que não há nenhuma lei prática, mas apenas *conselhos* para nossos desejos, em lugar de erigir princípios puramente subjetivos à condição de leis práticas, porque estas devem ter uma necessidade absolutamente objetiva e não simplesmente subjetiva e porque é necessário conhecer *a priori* pela razão e não pela experiência (qualquer que seja a generalidade empírica que esta possa ter).

As próprias regras de fenômenos concordantes só são denominadas leis da natureza (por exemplo, as mecânicas) quando as conhecemos efetivamente *a priori* ou, pelo menos (como é o caso daquelas da química), se admite que poderiam ser conhecidas *a priori*, a partir de fundamentos objetivos, caso nossa penetração pudesse ser mais profunda. Mas a propósito dos princípios práticos exclusivamente subjetivos, colocamos expressamente como condição que devem ter por fundamento não condições objetivas, mas condições subjetivas do arbítrio, não podendo portanto ser apresentados como leis práticas, mas unicamente como simples máximas.

Esta última observação parece, à primeira vista, ser um simples enunciado de palavras; entretanto é a precisão terminológica da mais importante de todas as distinções que sempre é necessário levar em consideração em pesquisas práticas.

4º. – TEOREMA III

Se um ser racional deve conceber para si mesmo suas máximas como leis universais práticas, então não pode concebê-las senão como princípios tais que encerram o fundamento da determinação da vontade, não segundo a matéria, mas somente segundo a forma.

A matéria de um princípio prático é o objeto da vontade. Esse objeto é o fundamento da determinação da vontade ou não o é. Se for o fundamento da determinação desta, a regra da vontade estaria submetida a uma condição empírica (à relação da representação determinante com o sentimento de prazer ou de dor) e, por conseguinte, não poderia ser uma lei. Mas se numa lei se faz abstração de toda matéria, isto é, de todo objeto da vontade (como fundamento da determinação) não resulta dessa lei mais que a simples forma de uma legislação universal. Portanto, ou um ser racional não pode em absoluto conceber para si *seus* princípios práticos subjetivos, isto é, suas máximas como sendo ao mesmo tempo leis universais, ou deve admitir que a simples forma destas, segundo a qual aquelas *se prestam a tornar-se legislação universal*, faz delas por si mesma leis práticas.

OBSTÁCULO

Que forma, na máxima, é destinada a tornar-se legislação universal e qual não o é, isso, o entendimento mais usual pode discerni-lo sem ser especialmente instruído. Tomei por máxima, por exemplo, aumentar a minha fortuna por todos os meios eficazes. Suponhamos agora que eu tenha em mãos o *depósito* cujo proprietário morreu sem deixar nenhum testamento escrito. Certamente seria o caso apropriado para aplicar minha máxima. Quero somente saber agora se essa máxima pode ter o valor de uma lei prática universal. Aplico-a, portanto, ao caso presente e pergunto se ela pode eventualmente tomar a forma de uma lei e, consequentemente, se poderia eventualmente, por meio de minha máxima, estabelecer uma lei estipulando que seria conveniente a cada um negar a existência de um depósito que ninguém pode provar contra ele que lhe foi confiado. Imediatamente me dou conta que semelhante princípio, tomado como lei, se aniquilaria a si mesmo, porque resultaria que poderia não haver qualquer depósito no caso. É necessário que uma lei prática, que reconheço como tal, possa ser qualificada como legislação universal; esta é uma proposição idêntica e, por conseguinte, evidente por si mesma. Portanto, se digo que minha vontade está subordinada a uma *lei* prática, não posso alegar minha inclinação (por exemplo, no presente caso, minha cobiça) como sendo o fundamento da determinação dessa vontade, própria a constituir uma lei prática universal; pois, essa inclinação, como está muito longe de poder convir em vista de uma legislação universal, é necessário, portanto, que antes de ser tomada sob a forma de uma lei universal, se aniquile a si mesma.

É realmente curioso ver como, uma vez que o desejo da felicidade é universalmente compartilhado, por conseguinte, também a máxima resultasse universal, porquanto cada um faz desse desejo o fundamento da determinação de sua vontade, pôde vir à mente de homens sensatos de fazê-la passar por uma *lei prática* universal. De fato, quando usualmente uma lei universal da natureza faz com que tudo se concilie, se seguiria aqui, se quiséssemos atribuir à máxima a universalidade de uma lei, exatamente o contrário mais distante do acordo, o pior dos conflitos e o aniquilamento completo da própria máxima e de sua intenção. Com efeito, a vontade de todos não tem então um só e mesmo objeto, mas cada um tem o seu (seu próprio bem-estar) que certamente pode se conciliar acidentalmente com as intenções dos outros, dirigidos também identicamente por eles a si próprios, mas que não basta, bem longe disso, para se fixar como lei, porque as exceções, que ocasionalmente se tem o direito de fazer, além de serem infinitas em número, não têm fundamento, sendo impossível compreendê-las de modo determinado numa regra universal. Disso resulta, pois, uma harmonia que se assemelha àquela que descreve certa sátira a propósito de dois esposos, almas gêmeas que têm o mesmo objetivo de arruinar-se: *Ó maravilhosa harmonia! O que ele quer, ela também o quer*, etc. Ou então, semelhante ao que se relata a respeito do compromisso assumido pelo rei Francisco I para com o imperador Carlos V: "O que meu irmão Carlos quer (Milão), eu também quero". Fundamentos empíricos da determinação não se prestam para uma legislação exterior universal, mas também não convêm a uma interior, pois, cada um põe na base de sua inclinação seu próprio interesse, mas para outro seria outro interesse e, até mesmo em cada interesse, ora é tal inclinação, ora tal outra que tem uma influência privilegiada. Descobrir uma lei que os regesse em seu conjunto, sob a condição expressa de colocá-los mutuamente de acordo, é uma coisa absolutamente impossível.

5º. – PROBLEMA I

Supondo que a simples forma legisladora das máximas seja só o fundamento suficiente da determinação de uma vontade, encontrar a constituição da vontade que é determinável somente por isso.

Como a simples forma da lei pode somente ser representada pela razão que, por conseguinte, não é um objeto dos sentidos, que em decorrência não faz parte tampouco dos fenômenos, a representação dessa forma como fundamento da determinação da vontade difere, pois, de todos os fundamentos da determinação dos acontecimentos da natureza, segundo a lei da causalidade, uma vez que é necessário que os fundamentos determinantes destes últimos sejam eles próprios fenômenos. Mas se nenhum outro fundamento da determinação da vontade pudesse tampouco servir de lei a esta, a não ser somente essa forma legisladora universal, então é necessário que semelhante vontade seja concebida como inteiramente independente da lei natural dos fenômenos, isto é, da lei da causalidade, que é a da ordem de sua sucessão. Ora, semelhante independência se denomina *liberdade*, no sentido mais estrito, ou seja, no sentido transcendental. Logo, uma vontade para a qual a simples forma legisladora da máxima pode sozinha servir de lei é uma vontade livre.

6º. – PROBLEMA II

Supondo que uma vontade seja livre, encontrar a lei que é a única apta a determiná-la necessariamente.

Como a matéria da lei prática, isto é, um objeto das máximas, nunca pode ser dada de outro modo senão de forma empírica, mas como é necessário que a vontade livre, enquanto independente de condições empíricas (isto é, pertencente ao mundo dos sentidos), possa contudo ser determinável, é preciso pois que uma vontade livre, independentemente da matéria da lei, encontre um fundamento da determinação na lei. Ora, a lei não encerra nada mais, além da matéria, que a forma legisladora. A força legisladora, portanto, enquanto está contida na máxima, é a única coisa que pode constituir um fundamento da determinação da vontade.

OBSTÁCULO

A liberdade e a lei prática incondicionada remetem, portanto, cada uma por sua vez, uma à outra. Chegando a este ponto, não pergunto, contudo, se elas são também, de fato, diferentes ou se, melhor, uma lei incondicionada não seria simplesmente a própria consciência de uma razão prática pura, nem se esta última por sua vez não seria totalmente idêntica ao conceito positivo da liberdade; mas pergunto por onde *começa* nosso *conhecimento* do prático incondicionado, se é pela liberdade ou pela lei prática. Não pode começar pela liberdade, porque desta não podemos tomar imediatamente consciência, pois que o seu primeiro conceito é negativo, nem concluí-la a partir da experiência, não obstante a experiência nos dê a conhecer apenas a lei dos fenômenos; por conseguinte, o mecanismo da natureza é a antítese precisamente da liberdade. É, portanto, a *lei moral*, da qual tomamos imediatamente consciência (tão logo elaboramos para nós mesmos máximas da vontade), que *por primeiro* se oferece a nós e, como a razão, nos apresenta essa lei moral como um fundamento da determinação que nenhuma condição sensível pode dominar e que, mais ainda, é completamente independente dessa condição, conduzindo-nos precisamente ao conceito de liberdade.

Mas como é possível também a consciência dessa lei moral? Podemos ter consciência de leis práticas puras, da mesma forma que temos consciência de proposições fundamentais teóricas puras, levando em consideração a necessidade com a qual a razão as prescreve, assim como a exclusão de todas as condições empíricas, exclusão que é assinalada pela razão. O conceito de uma vontade pura surge de leis práticas puras, assim como a consciência de um entendimento puro tem sua origem na consciência de proposições fundamentais teóricas puras.

Que seja esta a verdadeira ordem de dependência de nossos conceitos e que seja primeiramente a moralidade que nos desvela o conceito da liberdade que, por conseguinte, seja a *razão prática* que por primeiro, com esse conceito, propõe à razão especulativa o problema mais insolúvel, para a mergulhar com isso na maior perplexidade, é o que já transparece disto: como não se pode, a partir do conceito de liberdade, explicar nada nos fenômenos, mas aqui é o mecanismo natural que deve servir constantemente de fio condutor, como também a antinomia da razão pura, quando esta pretende elevar-se ao incondicionado na série das causas, emaranhando-se em absurdos tanto num como em outro desses conceitos, não obstante isso tudo, este último (o mecanismo), pelo menos tem utilidade na explicação dos fenômenos. Considerando tudo isso, nunca se teria podido introduzir a liberdade nas ciências, se a lei moral, e com ela a razão prática, não houvessem autorizado isso e não nos tivessem imposto esse conceito. Mas a experiência confirma também essa ordem dos conceitos em nós. Suponham que alguém alegue, a propósito de sua inclinação à luxúria, que lhe é absolutamente impossível resistir a ela quando o objeto amado e a ocasião se oferecem a ele: se, diante da casa onde essa ocasião se apresenta a ele, se encontrasse uma forca erguida para enforcá-lo tão logo tivesse desfrutado de seu prazer, não haveria de dominar então sua inclinação? Adivinha-se de imediato sua resposta. Mas perguntem a ele se, no caso em que seu príncipe pretendesse forçá-lo sob a ameaça da própria pena de morte imediata, a prestar falso testemunho contra um homem íntegro que gostaria de suprimir sob pretextos capciosos, perguntem se ele acredita poder, por maior que possa ser seu amor pela vida, se negaria a testemunhar. Talvez não se atreveria a assegurar se o faria ou não; mas se isso lhe fosse possível, admitiria sem hesitação. Julga, portanto, que pode fazer alguma coisa porque tem consciência de dever fazê-la e reconhece em si mesmo a liberdade que, sem a lei moral, permaneceria para ele ignorada.

7º. – Lei Fundamental da Razão Prática Pura

Age de tal modo que a máxima de tua vontade possa sempre valer ao mesmo tempo como princípio de uma legislação universal.

Obstáculo

A geometria pura tem, como proposições práticas, postulados, mas que não contêm nada mais que a suposição de que se pode fazer alguma coisa, quando se exigir que se *deve* fazer, e essas proposições são as únicas da geometria concernentes a uma existência. São, portanto, regras práticas sob uma condição problemática da vontade. Mas em nosso caso, a regra diz que se deve absolutamente proceder de certo modo. A regra prática é, portanto, incondicionada, sendo, por consequência, representada *a priori* como uma proposição prática categórica, em virtude da qual a vontade é absoluta e imediatamente (pela mesma regra prática que aqui, portanto, é lei) e objetivamente determinada. Com efeito, uma *razão prática em si*, que é pura, aqui resulta imediatamente legisladora. A vontade é concebida como independente de condições empíricas e, por conseguinte, como vontade pura, determinada *mediante a simples forma da lei*, e esse fundamento da determinação é considerado como a suprema condição de todas as máximas. A coisa é bastante singular, não tendo equivalente no restante do conhecimento prático. De fato, o pensamento *a priori* de uma legislação universal possível, tal qual é, simplesmente problemático, está ordenado incondicionalmente como lei, sem tomar nada de empréstimo à experiência ou a uma vontade exterior qualquer. Não é também um preceito, segundo o qual uma ação deva ocorrer, mediante a qual fosse possível um efeito desejado (porque, nesse caso, a regra seria sempre condicionada fisicamente), mas uma regra que determina *a priori* apenas a vontade em relação à forma de suas máximas, e não é então impossível ao menos conceber uma lei que só serve em vista da forma *subjetiva* das proposições fundamentais, como fundamento da determinação em virtude da forma *objetiva* de uma lei em geral. A consciência dessa lei fundamental pode ser denominada um fato da razão, porque não se pode sutilizá-la para inferi-la de dados anteriores da razão, por exemplo, da consciência da liberdade (porque esta não se revela antes), mas porque ela se impõe por si mesma a nós como proposição sintética *a priori*, a qual não se fundamenta em qualquer intuição, seja pura ou empírica, ainda que fosse analítica quando se pressupusesse a liberdade da vontade, para o que, seja a liberdade como conceito positivo, seria exigida uma intuição intelectual que aqui não pode ser admitida de modo algum. Entretanto, deve-se realmente notar, para olhar sem se equivocar essa lei como *dada*, que não é um fato empírico, mas o único fato da razão pura, a qual se manifesta através dele como originalmente legisladora (*sic volo, sic jubeo*)[3].

COROLÁRIO

A razão pura é por si mesma prática facultando e confere (ao homem) uma lei universal que denominamos *lei moral*.

OBSTÁCULO

O fato que se acaba de evocar é inegável. Resta apenas por analisar o juízo que os homens emitem sobre a conformidade de suas ações com a lei: sempre se haverá de julgar então que, seja o que for o insinuado pela inclinação, a razão contudo, incorruptível e por si mesma obrigada, compara sempre a máxima da vontade numa ação

---

(3) Expressão latina extraída de *Satirae* (VI, 223) do poeta romano Decimus Junius Juvenalis (60-140) e que significa "assim quero, assim o ordeno" (NT).

com a vontade pura, isto é, consigo mesma, enquanto ela se considera como prática *a priori*. Ora, este princípio da moralidade, precisamente em razão da universalidade da legislação, que o torna o fundamento supremo formal da determinação da vontade, independentemente de todas as diferenças subjetivas que esta última pode apresentar, a razão o institui ao mesmo tempo como uma lei para todos os seres racionais, conquanto tenham efetivamente uma vontade, ou seja, uma faculdade capaz de determinar sua causalidade mediante a representação de regras e, consequentemente, enquanto capazes de produzir ações segundo proposições fundamentais e, portanto, também conformes com princípios práticos *a priori* (dado que só estes apresentam aquela necessidade que a razão exige em toda proposição fundamental). Isso não se limita, portanto, apenas ao homem, mas diz respeito a todos os seres finitos dotados de razão e vontade, incluindo até mesmo o ser infinito, enquanto inteligência suprema. No primeiro, caso, contudo, a lei tem a forma de um imperativo porque, na qualidade de ser racional, pode-se supor no homem uma vontade pura; mas, por outro lado, enquanto é um ser afetado por necessidades e por causas motoras sensíveis, não se pode supor nele uma vontade *santa*, isto é, uma vontade tal que não lhe fosse possível esboçar qualquer máxima em conflito com a lei moral. A lei moral é, por esse motivo, um *imperativo* que manda categoricamente, porque a lei é incondicionada; a relação de tal vontade com essa lei é de *dependência*, designada de obrigação, que significa uma *coação*, imposta no entanto somente pela razão e por sua lei objetiva para uma ação, por isso denominada *dever*, porque um arbítrio patologicamente afetado (ainda quando não determinado por isso e, por conseguinte, também sempre livre) traz consigo um desejo que tem sua origem em causas *subjetivas*, podendo por isso opor-se frequentemente ao fundamento objetivo da determinação e que tem, portanto, necessidade de uma resistência da razão prática como coação moral, resistência que pode ser denominada uma coação interior, mas intelectual. Na inteligência que se basta totalmente a si mesma, o arbítrio é com razão representado como incapaz de qualquer máxima que ao mesmo tempo não possa ser objetivamente uma lei e o conceito de *santidade* que, por causa disso, lhe corresponde acima de todas as leis práticas, embora não sobre todas as leis praticamente restritivas e, por conseguinte, da obrigação e do dever.

Esta santidade da vontade é, contudo, uma ideia prática que se deve necessariamente utilizar como *arquétipo*, aproximando-se dele até o infinito, sendo a única coisa que corresponde a todos os seres racionais finitos, e é essa ideia que lhes coloca constante e justamente diante dos olhos a lei moral pura, chamada por isso mesmo santa; no tocante a esse vontade, estar seguro do progresso ao infinito de suas próprias máximas e da firmeza delas em vista de progredir sempre – isto é, ter a virtude – é o que uma razão prática finita pode efetivamente produzir de mais elevado, a virtude que ela própria por sua vez não pode, pelo menos como faculdade naturalmente adquirida, jamais ser perfeita, porque a segurança, em semelhante caso, nunca se torna certeza apodítica e porque é, como persuasão, eminentemente perigosa.

8º. – TEOREMA IV

A *autonomia* da vontade é o único princípio de todas as leis morais e dos deveres correspondentes a essas leis; mas, por outro lado, toda heteronomia do arbítrio não só deixa de fundamentar qualquer obrigação como também resulta de todo contrária ao princípio da obrigação e à moralidade da vontade. De fato, é precisamente a independência do arbítrio com relação a toda matéria da lei (isto é, com relação a um objeto desejado) e, contudo, ao mesmo tempo, sua determinação pela simples forma legisladora universal que uma máxima deve ser capaz de tomar que constituem o princípio da moralidade. Mas *essa independência* é a liberdade no sentido *negativo*, enquanto essa *legislação própria* da razão pura e, como tal, prática, é a liberdade no sentido *positivo*. A lei moral, portanto, apenas exprime a *autonomia* da razão prática pura, isto é, da liberdade, e essa autonomia é ela própria a condição formal de todas as máximas, sob cuja condição estas podem coincidir somente com a lei prática suprema. Se a matéria do querer, que não pode ser outra coisa senão o objeto de um desejo, desejo que está em relação com a lei, na lei prática se insinua como *condição de sua possibilidade*, resultando disso a heteronomia do arbítrio, ou seja, a dependência desta da lei natural que nos leva a seguir qualquer impulso ou inclinação, não impondo a vontade a si mesma a lei, mas somente o preceito para seguir, com o auxílio da razão, leis patológicas; mas a máxima que, dessa forma, nunca pode conter em si a forma universalmente legisladora, não só é impotente para fundamentar desse modo qualquer obrigação, como também contraria o princípio de uma razão prática *pura* e, portanto, também a resolução moral, mesmo quando a ação dela resultante fosse conforme à lei.

Obstáculo I

Não se deve nunca, portanto, contar como lei prática um preceito prático que implique uma condição material (por conseguinte, empírica). De fato, a lei da vontade pura, que é livre, situa esta vontade numa esfera totalmente diversa da empírica e a necessidade que ela expressa, embora não deva ser nenhuma necessidade natural, não pode, portanto, ser uma necessidade natural, não pode, portanto, ser constituída senão por condições formais da possibilidade de uma lei em geral. Toda a matéria de regras práticas repousa sempre em condições subjetivas, as quais não proporcionam aos seres racionais nenhuma universalidade além da universalidade condicionada (no caso em que eu *desejar* isto ou aquilo, o que devo fazer para realizá-lo efetivamente), girando todas elas em torno do princípio da *felicidade pessoal*. Agora é inegável certamente que é necessário que todo querer tenha também um objeto, por conseguinte, uma matéria; mas esta não é, contudo, o fundamento da determinação e a condição da máxima, porque, se ela o for, então a máxima não se deixa representar numa forma universalmente legisladora, porquanto a expectativa da existência do objeto seria então a causa determinante do arbítrio, devendo ainda colocar como fundamento do querer a dependência da faculdade de desejar a respeito da existência de uma coisa qualquer, coisa que não pode jamais ser procurada senão em condições empíricas e que não pode, por conseguinte, fornecer o fundamento em vista de uma regra necessária e universal.

Desse modo, a felicidade de seres estranhos poderia ser objeto da vontade de um ser racional. Mas se fosse ela o motivo determinante da máxima, seria necessário pressupor que, no bem-estar alheio, não encontrássemos somente um prazer natural mas também uma necessidade, como ocorre com a disposição à simpatia entre os seres humanos. Ora, essa necessidade, não posso supô-la em cada ser racional (muito menos em Deus). Por conseguinte, a matéria da máxima pode certamente subsistir, mas não é necessário que seja a condição desta, pois, de outra forma, essa máxima não poderia servir de lei. É necessário, portanto, que a simples forma de uma lei, forma que limita a matéria, seja ao mesmo tempo um motivo para acrescentar essa matéria à vontade, mas não um motivo para pressupô-la. Que a matéria seja, por exemplo, minha felicidade pessoal. Se atribuo essa procura da felicidade pessoal a cada um (como efetivamente posso fazê-lo em relação aos seres finitos), não pode se tornar uma lei prática *objetiva*, a não ser que inclua nela a felicidade pessoal dos outros. Assim, a lei que ordena promover a felicidade dos outros não resulta da suposição de que essa promoção seja um objeto para o arbítrio de cada indivíduo, mas apenas indica que a forma da universalidade, da qual a razão necessita como condição, e que ordena conferir à máxima do amor de si o valor objetivo de uma lei, se torna o fundamento da determinação da vontade; não era, portanto, o objeto (a felicidade dos outros) que era o fundamento da determinação da vontade pura, mas apenas a simples forma legal, pela qual eu limitava minha máxima, baseada na inclinação, para lhe conferir a universalidade de uma lei, tornando-a assim adequada à razão prática pura, e é dessa limitação e não da adição de um impulso exterior, que podia em seguida unicamente surgir o conceito da obrigação de estender a máxima do amor de mim mesmo também à felicidade dos outros.

Obstáculo II

Resulta precisamente o contrário do princípio da moralidade tomar o princípio da felicidade *pessoal* como o fundamento da determinação da vontade; cabe a ele como já ponderei anteriormente, tudo o que proponha o fundamento da determinação, que deve servir de lei ao que não seja a forma legisladora da máxima. Mas este conflito não é somente lógico, como é o conflito entre as regras empiricamente condicionadas que se gostaria, contudo, de elevar ao grau de princípios necessários do conhecimento, mas é prático e aniquilaria completamente a moralidade, se a voz da razão não fosse, em relação à vontade, tão clara, tão difícil de sufocar e tão perceptível, até mesmo para o homem mais comum; a moralidade não pode subsistir sob essa forma, contudo, a não ser nas especulações que embaralham as ideias, vindas das escolas que são bastante presunçosas para se tornarem surdas a essa voz celestial, a fim de preservar uma teoria que não requer que alguém quebre a cabeça a respeito desses temas.

Se um de teus amigos, que realmente aprecias, pensasse poder se justificar contigo por ter prestado um falso testemunho, alegando antes de mais nada o dever, sagrado segundo ele, da felicidade pessoal, enumerasse em seguida as vantagens conseguidas por esse meio, fazendo ressaltar a prudência de que usou para assegurar-se contra toda a descoberta do fato, até por parte de ti, a quem revela o segredo só porque pode negá-lo em qualquer ocasião; se pretendesse ainda, com a máxima seriedade, ter cumprido um dever verdadeiramente humano, nesse caso, ririas em sua própria cara ou então te afastarias dele tremendo, horrorizado, mesmo no caso em que alguém tivesse definido suas proposições fundamentais unicamente em função de vantagens pessoais, não terias como emitir a menor recriminação a propósito dessa regra de conduta. Suponha, por outro lado, que alguém lhe recomende como administrador dos bens um homem, a quem poderia confiar cegamente todos os seus interesses e que, para lhe inspirar confiança, elogie seus méritos de homem prudente, que sabe com habilidade tirar a sua própria vantagem, homem de infatigável atividade que não deixa passar uma ocasião sem dela colher proveito e que, se você tem qualquer receio de que não venha resultar em egoísta vulgar, se vanglorie de seu refinado modo de viver, dizendo que não busca o prazer em amealhar dinheiro ou num sensualismo brutal, mas sim ampliar seus conhecimentos no trato de pessoas escolhidas e instruídas; que gosta de ajudar os competentes necessitados, mas que para isso tudo não seria escrupuloso nos meios de que lançasse mão (os quais só apresentam seu valor ou seu não-valor nos fins) e que dinheiro e as coisas alheias lhe serviriam tanto como as próprias, delas se servindo livremente, porém sem que alguém descobrisse, então você acreditaria que aquele que lhe fizesse semelhante indicação estaria zombando de você ou certamente teria perdido a razão.

Os limites entre o que é realmente moral e o amor-próprio são traçados com tal clareza e tal precisão que é verdadeiramente impossível que até o olho menos arguto não possa ver se alguma coisa pertence a um ou a outro. As poucas observações que seguem podem sem dúvida parecer supérfluas diante de tão manifesta verdade, mas servirão pelo menos para conferir um pouco mais de clareza ao juízo da razão humana comum.

O princípio da felicidade pode sem dúvida fornecer máximas, mas não pode nunca fornecê-las tais que possam servir de leis à vontade, mesmo que se tomasse por objeto a felicidade universal. De fato, uma vez que o conhecimento desta só repouse sobre dados da experiência, não obstante depender todo o juízo a respeito dela em grande parte da opinião de cada um, o que resulta variável em extremo, pode-se fixar regras certas *gerais*, mas jamais *universais*, isto é, regras que, a meio termo, são na maioria das vezes adequadas, mas não regras que sempre e necessariamente devam ser verdadeiras; por conseguinte, não se pode basear, a partir disso, nenhuma *lei* prática. Porque é necessário, precisamente, que um objeto do arbítrio seja aqui tomado como fundamento da regra deste e que é necessário, portanto, que a preceda, não podendo essa regra referir-se a coisa diversa daquela recomendada, e portanto à experiência, podendo apenas fundamentar-se sobre esta, sendo assim infinita a diversidade do juízo. Esse princípio não prescreve precisamente as mesmas leis práticas a todos os seres racionais, embora sejam compreendidas sob um título comum, ou seja, aquele da felicidade. Mas a lei moral é concebida somente como objetivamente necessária, dado que deve valer para todo aquele que possua razão e vontade.

A máxima do amor de si mesmo (prudência) só *aconselha*; a lei da moralidade *manda*. Ora, existe uma grande diferença entre o que nos é *aconselhado* e aquilo a que somos *obrigados*.

O que se deve fazer, segundo o princípio da autonomia do arbítrio, o entendimento mais comum o discerne muito facilmente e sem hesitação; o que se deve fazer, supondo a heteronomia do arbítrio, é difícil de discernir e exige o conhecimento do mundo; isso significa: o que é *dever* se apresenta por si mesmo a cada um; mas o que produz uma verdadeira e duradoura vantagem está sempre, se essa vantagem deve ser extensiva a toda a existência, envolvido de impenetrável obscuridade, exigindo muita prudência para conformar-se à regra prática regida pela vantagem, ainda que de modo apenas suportável, mediante exceções judiciosas, com os fins da vida. A lei moral, contudo, ordena a todos e, precisamente, o maior rigor na obediência. Essa lei não pode, portanto, apresentar tal dificuldade, em sua utilização em vista do juízo sobre o que se deve fazer segundo ela, que a inteligência mais comum e menos exercitada não saiba aplicá-la de acordo, mesmo sem prudência humana.

Satisfazer o mandamento categórico da moralidade está, a qualquer tempo, em poder de cada um; satisfazer o preceito empiricamente condicionado da felicidade não é dado a cada um, sendo possível apenas raras vezes, ainda quando em relação a uma única intenção. A causa disso é que, no primeiro caso, só se trata da máxima que deve ser autêntica e pura, enquanto que, no segundo, importam também as forças e o poder físico para realizar efetivamente o objeto de um desejo. Seria insensato um mandamento que estipulasse que cada um deve tratar de tornar-se feliz; com efeito, nunca se ordena a alguém o que ele já quer infalivelmente por si mesmo. Seria necessário somente ordenar-lhe as medidas que deve de tomar, ou melhor, indicá-las a ele, porque não pode tudo o que quer. Pelo contrário, ordenar a moralidade sob o nome de dever é inteiramente razoável, primeiro porque ninguém, justamente, obedece de boa vontade a seus preceitos quando estiverem em conflito com suas inclinações e, em segundo lugar, porque, no concernente às medidas a tomar quanto à maneira pela qual se poderia obedecer a essa lei, aqui não é o caso de ensiná-las, pois, nesse particular, cada um pode o que quer.

Aquele que *perdeu* no jogo pode *irritar-se* consigo mesmo e contra sua falta de prudência; mas se tem convicção de que *logrou* na partida (ainda que tenha ganho), deve *menosprezar-se* a si mesmo quando se põe diante da lei moral. Esta, portanto, deve ser coisa bem diferente do princípio da felicidade pessoal. De fato, ter de dizer a si mesmo: sou um ser *indigno*, embora eu tenha a carteira recheada, significa desaprovar-se; donde resulta que deve ter diferente regra de juízo para se felicitar a si mesmo e dizer: sou um homem *prudente* porque aumentei meu caixa.

Finalmente, há ainda, na ideia de nossa razão prática, alguma coisa que acompanha a transgressão de uma lei moral, isto é, seu caráter *punitivo*. Ora, não se pode evidentemente ligar ao conceito de uma punição, compreendida como tal, aquele de uma participação à felicidade. De fato, embora aquele que castiga possa certamente ter ao mesmo tempo a intenção benevolente de orientar a punição para esse fim, é necessário, contudo, que ela seja legitimada primeiro por si mesma como punição, isto é, como simples mal, de modo que é necessário que aquele que é punido, se nos fixarmos nisso e se ele não vislumbre o menor favor ao se dissimular por trás desse rigor, ele próprio confessa que ele tem o que merece e que sua sorte é perfeitamente proporcional à sua conduta. Em toda punição, como tal, deve antes de tudo haver justiça e essa justiça constitui o essencial desse conceito de punição. A ela certamente pode ser acrescentada a bondade, sem dúvida, mas o que mereceu a pena não tem o menor motivo, depois de seu cumprimento, de contar com essa bondade. A punição é, portanto, um mal físico que, se não estivesse ligado, como consequência *natural*, com o mal moral, ainda assim se deveria unir a ele como consequência, segundo os princípios de uma legislação moral. Pois bem, se todo delito, mesmo que não sejam levadas em conta as consequências físicas em seu autor, é por si mesmo passível de punição, isto é, faz perder a felicidade (pelo menos em parte), seria manifestamente absurdo dizer que o crime constitui precisamente no fato de o réu ter atraído para si uma punição, tendo prejudicado a sua felicidade pessoal (no que deveria consistir, segundo o princípio do amor-próprio, o conceito de todo crime). Desse modo, a punição tornar-se-ia o motivo de chamar crime a alguma coisa, consistindo a justiça principalmente em abandonar todo castigo e até mesmo impedir a punição natural; com efeito, então não haveria mais nada de mau na ação, porque os males que geralmente se seguiriam e que só eles exigiriam que a ação fosse designada má, resultariam agora afastados. Mas considerar, para coroar tudo, o fato de punir e de recompensar em geral apenas como instrumento nas mãos de uma potência superior, instrumento que deveria servir só para fazer seguir seres racionais em direção a seu fim último (a felicidade), resultaria visivelmente em levar sua vontade a um mecanismo destruidor de toda liberdade para que fosse necessário nos deter.

Mais sutil ainda, embora igualmente falso, é o que pretendem aqueles que admitem um certo sentido moral particular, o qual, e não a razão, determinaria a lei moral, alegação segundo a qual a consciência da virtude estaria imediatamente conjugada com o contentamento e o prazer, mas a consciência do vício se ligaria à inquietação da alma e ao sofrimento; desse modo, ambos reduzem tudo à aspiração da felicidade pessoal. Sem retomar o que já disse, gostaria somente de observar a ilusão que aqui tem lugar. Para representar o vicioso como perturbado pela tortura de seu espírito, seguida pela consciência de suas faltas, devemos, de antemão, representá-lo, na disposição mais nobre de seu caráter, pelo menos até certo ponto, como já moralmente bom, a exemplo daquele que se felicita com a consciência por ações conformes ao dever, que deve se representado também de antemão como virtuoso. Dessa forma, o conceito da moralidade e do dever deveria preceder a toda referência a esse contentamento, não podendo de modo algum dele ser derivado. Devemos ainda apreciar com antecedência a importância do que chamamos dever, a autoridade da lei moral e o valor imediato que confere à pessoa diante dos seus próprios olhos, a observação dessa lei, para sentir essa satisfação que procede da consciência da adequação de sua conduta à lei, e o amargor resultante da recriminação que ela nos dirige quando temos de nos censurar uma transgressão da mesma. Como se vê, esse contentamento ou essa intranquilidade de ânimo não é dado sentir antes do conhecimento da obrigação, não podendo esta resultar como fundamento em tal caso. Deve-se estar empenhado, pelo menos até certo ponto, na via da honestidade para poder simplesmente dar guarida a esses sentimentos.

Além disso, não nego que, assim como no poder da liberdade, a vontade humana pode ser imediatamente determinável pela lei moral, também o exercício frequente, em conformidade com esse fundamento da determinação, não possa em definitivo produzir subjetivamente um sentimento de satisfação consigo mesmo; mais ainda, compete ao dever também fundamentar e cultivar esse sentimento que, propriamente, é o único que merece ser denominado sentimento moral, mas o conceito do dever não pode ser derivado dele, pois, de outro modo, teríamos que pensar um sentimento de uma lei como tal e transformar em objeto de sentimento o que só pode ser pensado pela razão; isso, se for uma vã contradição, suprimiria completamente todo conceito de dever, colocando em seu lugar simplesmente um jogo mecânico de inclinações mais requintadas, às vezes em choque com aquelas que são mais toscas.

Se compararmos agora nossa proposição fundamental suprema *formal* da razão prática pura (como princípio de uma autonomia da vontade) com todos os princípios *materiais* da moralidade admitidos até aqui, podemos representar num quadro todos os outros princípios como tais, quadro graças ao qual são ao mesmo tempo realmente esgotados todos os demais casos possíveis, exceto um único princípio formal, mostrando assim desde logo que se torna inútil sair em busca de outro princípio formal, além deste, agora apresentado. Todos os fundamentos possíveis da determinação da vontade são, com efeito, simplesmente *subjetivos* e, portanto, empíricos, ou *objetivos* e racionais; uns e outros são ainda *externos* ou *internos*.

Os Fundamentos Práticos Materiais da Determinação, no Princípio da Moralidade, são:

Subjetivos

Externos		*Interno*	
A educação (segundo Montaigne)[4]	A constituição civil (segundo Mandeville)[5]	O sentimento físico (segundo Epicuro)[6]	O sentimento moral (segundo Hutcheson)[7]

Objetivos

Externos	*Interno*
A perfeição (segundo Wolff e os estoicos)[8]	A vontade de Deus (segundo Crusius e outros moralistas teólogos)[9]

Os princípios colocados do lado esquerdo deste quadro são todos empíricos e não podem evidentemente fornecer o princípio universal da moralidade. Mas aqueles que estão dispostos do lado direito se baseiam na razão (pois a perfeição, representada como *qualidade* das coisas, e a perfeição suprema, representada na *substância*, isto é, Deus, só podem ser ambas concebidas com o auxílio dos conceitos racionais). Mas o primeiro conceito, ou seja, o da *perfeição*, pode ser tomado em dois sentidos: seja *teoricamente*, não significando então nada mais além da integridade de cada coisa em seu gênero (transcendental) ou de

---

(4) Michel Eyquem de Montaigne (1533-1592), escritor e pensador francês (NT).
(5) Bernard de Mandeville (1670-1733), escritor inglês de origem francesa (NT).
(6) Epicuro (341-270 a.C.), filósofo grego, fundador da corrente filosófica do epicurismo que pregava o desfrute da vida, dos bens materiais com ponderação e medida (NT).
(7) Francis Hutcheson (1694-1747), escritor e pensador inglês (NT).
(8) Christian von Wolff (1679-1754), jurista, matemático e filósofo alemão (NT).
(9) Christian August Crusius (1715-1775), filósofo alemão (NT).

uma só coisa como coisa em geral (metafísica), do que não se trata aqui; seja *praticamente*, e então significa que uma coisa é útil ou que é suficiente para toda espécie de fins. Esta perfeição, como *qualidade* do homem, por conseguinte, interna, não é nada mais do que *talento* e, o que o fortalece ou o atualiza, a *habilidade*. A suprema perfeição na *substância*, ou seja, Deus, por conseguinte externa (considerada sob o aspecto prático), significa que esse ser é suficiente para todos os fins em geral. Desse modo, se nos devem ser dados previamente fins, em relação aos quais o conceito da perfeição (de uma perfeição interna, em nós mesmos, ou de uma perfeição externa, em Deus), pode ser o único fundamento da determinação da vontade; mas se um fim, enquanto *objeto*, deve preceder à determinação da vontade, por meio de uma regra prática e por encerrar o fundamento da possibilidade dessa regra, logo a *matéria* da vontade, tomada como fundamento da determinação dessa vontade, é sempre empírico e, por conseguinte, esse fim pode servir de princípio *epicurista* à teoria da felicidade, mas nunca de princípio racional puro para a doutrina moral (do mesmo modo que os talentos e sua cultura não podem ser causas motoras da vontade só porque contribuem para as vantagens da vida, ou a vontade de Deus, quando nosso acordo com ela, sem princípio prático anterior independente dessa ideia, foi tomado por objeto da vontade unicamente por causa da felicidade que esperamos, venha a ser causa motora da vontade), resultando então: *primeiramente*, que todos os princípios aqui expostos são materiais; *segundo*, que eles compreendem em si todos os princípios materiais possíveis e, *finalmente*, a conclusão, ou seja, uma vez que os princípios materiais são totalmente impróprios para constituir a lei moral suprema (como isso foi provado), assim também o *princípio prático formal* da razão pura, segundo o qual é necessário que a única forma de uma legislação universal possível por meio de nossas máximas constitui o fundamento supremo e imediato da determinação da vontade, é o *único* princípio *possível* próprio para fornecer imperativos categóricos, isto é, dar leis práticas (que fazem de certas ações um dever) e, em geral, para servir como princípio da moralidade, tanto no juízo como na aplicação à vontade humana em vista de determiná-la.

I - Da Dedução das Proposições Fundamentais da Razão Prática Pura

Esta analítica estabelece que a razão pura pode ser prática, isto é, pode determinar por si mesma a vontade, independentemente de tudo o que é empírico – e ela o estabelece, na verdade, por um fato no qual a razão pura se manifesta em nós como realmente prática, ou seja, pela autonomia no princípio da moralidade, pela qual determina a vontade ao ato. – Ela mostra ao mesmo tempo que este fato está inseparavelmente ligado à consciência da liberdade da vontade, identificando-se, além disso, com ela, do que resulta reconhecer-se a vontade de um ser racional participante do mundo dos sentidos, bem como das demais causas eficientes, necessariamente submetido às leis da causalidade, na prática, mas que tem também, no domínio prático, por outro lado, isto é, como ser em si mesmo, consciência de sua existência, enquanto determinável numa ordem inteligível das coisas, não por certo segundo uma intuição particular de si mesma, mas em conformidade com algumas leis dinâmicas que podem determinar a sua causalidade no mundo sensível; de fato, que a liberdade, quando nos é atribuída, também nos transporta a uma ordem inteligível das coisas, isso já foi suficientemente provado em outro local.

Se compararmos agora a essa analítica a parte analítica da crítica da razão especulativa pura, vemos aparecer um notável contraste entre uma e outra. Não eram proposições fundamentais, mas uma *intuição* sensível pura (espaço e tempo) que ali constituíam o primeiros dado que tornava possível o conhecimento *a priori* e precisamente para objetos dos sentidos somente. – Proposições fundamentais sintéticas derivadas de simples conceitos sem intuição eram impossíveis, mais ainda, só podiam ter lugar em relação com essa situação que era sensível, por conseguinte, também só em relação com objetos de experiência possível, porque só os conceitos do entendimento unidos a essa intuição tornam possível esse conhecimento que denominamos experiência. – Além dos objetos da experiência e, portanto, no que se refere às coisas como números, negou-se, com pleno direito, à razão especulativa tudo o que pode ser positivo num *conhecimento*. – Esta, contudo, conseguiu pôr em segurança o conceito dos números, isto é, a possibilidade e, ainda mais, a necessidade de meditá-los e de salvar, contra toda objeção, a pressuposição da liberdade considerada negativamente, como perfeitamente compatível com as proposições fundamentais mencionadas e as limitações da razão teórica pura, sem todavia dar a conhecer qualquer determinação ou ampliação relativa a tais objetos e que pudesse ampliar nosso conhecimento, impedindo, de preferência, toda a visão nesse domínio.

Por outro lado, a lei moral, embora não faculte qualquer *visão*, proporciona, contudo, um fato absolutamente inexplicável a partir de todos os dados do mundo sensível e dentro de todo o âmbito do uso de nossa razão teórica, não conseguindo explicar, em toda a sua extensão, um fato que anuncia um mundo puro do entendimento, porque até o *determina positivamente*, dando-nos a conhecer alguma coisa dele, ou seja, uma lei.

Esta lei deve proporcionar ao mundo sensível, enquanto natureza sensível (no que concerne os seres racionais) a forma de um mundo puro do entendimento, isto é, uma *natureza suprassensível*, mas sem danificar seu mecanismo. Ora, a natureza, no mais amplo sentido, é a existência das coisas sob leis. A natureza sensível de seres racionais em geral é a existência desses seres sob leis empiricamente condicionadas, o que, para a razão é, portanto, *heteronomia*. A natureza suprassensível desses mesmos seres é, por outro lado, a existência deles segundo leis independentes de toda a condição empírica e que, portanto, pertencem à *autonomia* da razão pura. E como as leis segundo as quais a existência das coisas depende do conhecimento são práticas, a natureza suprassensível, quando delas podemos formar um conceito, não é outra coisa senão *uma natureza sob a autonomia da razão prática pura*. A lei desta autonomia, contudo, é a lei moral; esta lei é, portanto, a lei fundamental de uma natureza suprassensível e de um mundo puro do entendimento, cuja cópia deve existir num mundo sensível, mas ao mesmo tempo sem causar dano às leis deste. Poder-se-ia denominar este o mundo *arquétipo* (*natura archetypa*), que só nos é dado conhecer pela razão, e este, em contrapartida, porque contém o efeito possível da ideia do primeiro enquanto fundamento da determinação da vontade, o mundo éctipo (*natura ectypa*) ou copiado. Porque é um fato que a lei moral nos transporta, seguindo a ideia, a uma natureza na qual a razão pura, se fosse acompanhada de um poder físico adequado, produziria o sumo bem, determinando nossa vontade a conferir ao mundo sensível a forma de um todo composto por seres racionais.

Que esta ideia, como um esboço, serve efetivamente de modelo às determinações de nossa vontade, é o que confirma a observação, mesmo a mais banal, de si mesmo.

Se a máxima, segundo a qual resolvo prestar testemunho, for examinada pela razão prática, considero sempre o que ela seria se valesse como lei universal da natureza. É uma evidência que, sob essa forma, compeliria todos à veracidade. De fato, não é compatível com a universalidade de uma lei natural deixar prevalecer enunciados como demonstrativos e, não obstante isso, como deliberadamente falsos. De igual modo, a máxima que adoto, em consideração à livre disposição de minha vida, resulta imediatamente determinada, se acaso me pergunto o que seria necessário para que uma natureza se conserve de acordo com a lei de semelhante máxima. É evidente que ninguém poderia, em semelhante natureza, terminar sua vida *arbitrariamente*, porque semelhante atitude não constituiria uma ordem natural durável, ocorrendo o mesmo em todos os outros casos. Na natureza efetiva, porém, ocorre, enquanto ela é objeto da experiência, que a vontade livre não se determina por si mesma em relação a máximas tais que, também por si mesmas, pudessem fundar uma natureza regida por leis universais, ou se integrar por si mesmas numa natureza ordenada segundo essas leis; suas máximas são apenas inclinações particulares que, embora constituam um todo natural segundo leis patológicas (físicas), não representam uma natureza que só por nossa vontade seria possível segundo leis puras práticas. Entretanto, pela razão, temos consciência de uma lei à qual estão sujeitas todas as nossas máximas, como se por meio de nossa vontade surgisse ao mesmo tempo uma ordem natural. Esta lei, por conseguinte, deve constituir a ideia de uma natureza não dada empiricamente, mas que, pela liberdade, é no entanto possível, portanto, de uma natureza suprassensível, à qual conferimos, pelo menos do ponto de vista prático, a realidade objetiva, porque a consideramos como objeto de nossa vontade, enquanto somos puros seres racionais.

Desse modo, a diferença entre as leis de uma natureza à qual *a vontade está submetida* e aquelas de uma natureza que está submetida *a uma vontade* (em consideração ao que implica uma relação entre a vontade e suas livres ações), consiste em que, naquela, os objetos devem ser causa das representações que determinam a vontade, mas nesta, a vontade deve ser causa dos objetos, de modo que a causalidade que produz esses objetos tem seu fundamento de sua determinação unicamente num poder puro da razão, poder que, por isso, pode também ser chamado uma razão prática pura.

Os dois problemas são, portanto, bem diferentes, a saber: como, *por uma parte*, a razão pura pode *conhecer a priori* objetos e, *por outra parte*, como pode constituir imediatamente um fundamento da determinação da vontade, isto é, a causalidade do ser racional com referência à realidade dos objetos (unicamente pelo pensamento do valor universal de suas próprias máximas como leis).

O primeiro problema, enquanto pertencente à critica da razão especulativa pura, requer que se explique, antes de tudo, como primeiramente como intuições, sem as quais nenhum objeto em absoluto pode ser dado nem objeto algum, por conseguinte, pode ser conhecido sinteticamente, são possíveis a priori; sua solução consiste em dizer que todas as intuições sensíveis, não deixando, por isso, nenhuma possibilidade aberta para qualquer conhecimento especulativo que ultrapassasse os limites da experiência possível e, em decorrência também, que todas as proposições fundamentais dessa razão especulativa pura nada mais fazem que tornar possível a experiência, seja dos objetos dados, seja daqueles que podem ser dados ao infinito, mas nunca são inteiramente dados.

O segundo problema, como pertencente à critica da razão prática, não exige qualquer explicação de como sejam possíveis os objetos da faculdade de desejar, porque esse, como problema do conhecimento teórico da natureza, fica adstrito à critica da razão especulativa, mas requer apenas como razão pode determinar a máxima da vontade, se isso ocorre só mediante representações empíricas como fundamentos da determinação ou se também a razão pura não poderia também ser prática e constituir uma lei de uma ordem natural possível, que não pode de maneira alguma ser conhecido de forma empírica. A possibilidade de semelhante natureza suprassensível, cujo conceito possa ser ao mesmo tempo o fundamento, por nossa vontade livre, da realidade efetiva dessa natureza, não requer nenhuma intuição *a priori* (de um mundo inteligível) que nesse caso seria, enquanto suprassensível, impossível para nós. O que importa, portanto, é o fundamento da determinação do querer nas máximas desse conceito, é saber se esse fundamento é empírico ou se é um conceito da razão pura (da conformação à lei dessas máximas em geral) e como e porque pode ser um conceito. Se a causalidade da vontade é ou não suficiente para a realidade efetiva dos objetos, isso fica a cargo do julgamento dos princípios teóricos da razão, como pesquisa concernente à possibilidade dos objetos do querer, objetos cuja intuição, por conseguinte, não constitui de maneira alguma, no problema prático, um momento deste. O que importa aqui é a determinação da vontade e o fundamento da determinação da máxima dessa vontade, como vontade livre, e não o sucesso. De fato, se somente a *vontade* é, perante a razão pura, conforme à lei, então pouco importa o que ocorre com o *poder* dessa vontade no tocante à execução; se uma natureza surge efetivamente ou não segundo as máximas da legislação de uma natureza possível, aí está algo de que a crítica não se preocupa, para a qual se trata de procurar se e como a razão pura pode ser prática, isto é, imediatamente determinante para a vontade.

Nesse particular, portanto, a crítica pode e deve, sem expor-se à censura, começar pelas leis práticas puras e sua realidade efetiva. Em lugar da intuição, contudo, colocar por base das mesmas o conceito de sua existência no mundo inteligível, isto é, o conceito da liberdade. De fato, esse conceito não significa mais do que isso, sendo essas leis somente possíveis em relação com a liberdade da vontade, resultando, todavia, necessárias se pressupomos essa liberdade ou, dito ao inverso, a liberdade é necessária porque essas leis, como postulados práticos, são necessárias. Como essa consciência das leis morais ou, o que é a mesma coisa, essa consciência da liberdade é possível, isto já não é dado explicar; pode-se unicamente defender na crítica teórica a não-impossibilidade da liberdade.

A *exposição* da proposição fundamental suprema da razão prática já está feira, isto é, demonstrou-se primeiramente o que contém, que subsiste por si mesma inteiramente *a priori* e independentemente de princípios empíricos, no que, pois, se distingue de todas as outras proposições fundamentais práticas. Na *dedução*, isto é, na justificação de sua validade objetiva e universal e a penetração da possibilidade de semelhante proposição sintética *a priori*, não se pode esperar que tudo corra tão bem como sucede com as proposições fundamentais do entendimento teórico puro. De fato, estas se referiam a objetos de experiência possível, isto é, a fenômenos e se pôde demonstrar que esses fenômenos não podem ser conhecidos como objetos da experiência a não ser porque são submetidos às categorias, em razão da regra que essas leis fixam, e que, por conseguinte, é necessário que toda experiência possível esteja de acordo com as leis. Mas não posso adotar uma marcha semelhante pela dedução da lei moral. De fato, é que esta não se refere ao conhecimento da constituição dos objetos, que podem ser dados à razão de outra maneira por qualquer outro meio, mas a um conhecimento tal que pode chegar a ser o fundamento da própria existência dos objetos, tendo a razão por meio dele causalidade num ser racional, isto é, uma razão pura que pode ser considerada como uma faculdade que determina imediatamente a vontade.

Mas toda a sagacidade humana termina logo que cheguemos às forças ou às faculdades fundamentais, pois sua possibilidade não pode ser concebida de forma alguma, mas deve ser inventada e admitida arbitrariamente. Por isso, no uso teórico da razão, só a experiência pode dar-nos o direito de aceitá-las. Este recurso, porém, que consiste em aduzir provas empíricas em vez de uma dedução resultante das fontes *a priori* do conhecimento, aqui também nos é vedado em relação ao poder prático puro da razão. É que todo aquele que necessita colher da experiência a prova de sua realidade deve, nos fundamentos de sua possibilidade, depender de princípios da experiência, sendo impossível considerar como tal razão pura e, contudo, prática, mesmo que fosse apenas por seu conceito. Além disso, a lei moral nos é dada de alguma forma como um fato da razão pura, do qual temos consciência *a priori* e que apoditicamente é certo, mesmo supondo que não se possa encontrar na experiência exemplo algum em que ela seria exatamente seguida. A realidade objetiva da lei moral, portanto, não pode ser demonstrada por qualquer dedução, por nenhum esforço da razão teórica, especulativa ou empírica, como ainda tampouco pode ser sustentada empiricamente, não podendo chegar, mesmo que quiséssemos renunciar à certeza apodítica, a ser confirmada por meio de alguma experiência e, por conseguinte, demonstrada *a posteriori*; contudo, ela se mantém solidamente estabelecida por si mesma.

Alguma coisa distinta e inteiramente paradoxal toma o lugar dessa dedução, procurada em vão, do princípio moral, a saber, que este serve inversamente como princípio da dedução de um poder insondável, que nenhuma experiência pode demonstrar, mas que a razão especulativa (para encontrar entre suas ideias cosmológicas o incondicionado, segundo sua causalidade própria, não se contradizendo assim a si mesma) teve de admitir, pelo menos como possível: trata-se do poder da liberdade, do qual a lei moral, que não necessita em si mesma fundamentos que a justifiquem, demonstra não só a possibilidade, mas a realidade efetiva nos seres que reconhecem essa lei como obrigatória para eles. A lei moral é, na realidade, uma lei da causalidade por liberdade e, portanto, da possibilidade de uma natureza suprassensível, assim como a lei metafísica dos acontecimentos no mundo sensível era uma lei da causalidade da natureza sensível; e a lei moral determina, portanto, o que a filosofia especulativa tinha que deixar indeterminado, isto é, a lei para uma causalidade cujo conceito na filosofia especulativa era puramente negativo, proporcionando assim pela primeira vez realidade objetiva a esse conceito.

Essa espécie de carta de crédito que a lei moral possui, uma vez que ela própria é elevada à categoria de um princípio para a dedução da liberdade entendida como uma causalidade da razão pura, é plenamente suficiente, na falta de toda justificação *a priori*, para satisfazer uma necessidade da razão teórica, uma vez que esta última foi coagida a admitir pelo menos a possibilidade de uma liberdade. De fato, a lei moral prova sua realidade de maneira satisfatória também para a crítica da razão especulativa, acrescentando-se a uma causalidade pensada de um modo meramente negativo, cuja possibilidade era incompreensível para a razão especulativa, obrigada contudo a admiti-la, acrescentando a essa causalidade uma determinação positiva, isto é, o conceito de uma razão que determina imediatamente a vontade (pela condição de uma forma legal universal de suas máximas) e, assim, consegue dar pela primeira vez realidade objetiva, embora somente prática, à razão que, com as suas ideias, se tornava sempre transcendente quando queria proceder especulativamente e transforma seu uso *transcendente* em uso *imanente* (ser ela mesma, por meio de ideias, causa eficiente no campo da experiência).

A determinação da causalidade dos seres no mundo sensível como tal nunca podia ser incondicionada, embora tenha de haver necessariamente para toda série de condições, alguma coisa incondicionada, portanto, também, uma causalidade que se determine totalmente por si mesma. Por isso a ideia da liberdade como de um poder de espontaneidade absoluta não era uma exigência, mas, *no que concerne sua possibilidade,* uma proposição fundamental analítica da razão especulativa pura. Mas como é absolutamente impossível dar em qualquer experiência um exemplo dela, porque entre as causas das coisas como fenômenos não pode resultar qualquer determinação da causalidade que seja incondicionada de um modo absoluto, poderíamos somente *defender o pensamento* de uma causa que age livremente, aplicando esse pensamento a um ser do mundo sensível, enquanto por outro lado esse ser é considerado também como número, mostrando que não é contraditório considerar todas as suas ações como fisicamente condicionadas, enquanto sejam elas fenômenos e, apesar de tudo, considerar ao mesmo tempo a causalidade das mesmas enquanto o ser operante é um ser intelectual, fazendo assim do conceito da liberdade um princípio regulador da razão; com isso certamente não me é dado conhecer o que é o objeto ao qual se atribui tal causalidade, mas renovo o obstáculo, embora, por um lado, na explicação dos acontecimentos do mundo e, por conseguinte, também das ações dos seres racionais, reconheço ao mecanismo da necessidade natural o direito de remontar ao infinito da condição ao condicionado, por outro lado, reservo para a razão especulativa o lugar que fica vazio para ela, isto é, o inteligível, para nele transportar o incondicionado.

Mas eu não podia *realizar* esse *pensamento,* isto é, transformá-lo no *conhecimento* de um ser que assim opere, nem mesmo apenas segundo sua possibilidade. Ora, esse lugar vazio é agora preenchido pela razão prática pura, por meio de uma lei determinada da causalidade num mundo inteligível (da causalidade por liberdade), isto é, pela lei moral. A razão especulativa não se amplia com isso no que diz respeito à sua penetração, mas ela o faz no que concerne à *garantia* de seu conceito problemático da liberdade, ao qual aqui se proporciona realidade *objetiva* que, embora apenas prática, não é menos indubitável. A aplicação do próprio conceito de causalidade e, portanto, o seu significado, tem lugar apenas na relação dos fenômenos para conjugá-los em experiências (como demonstra a crítica da razão pura), a razão prática não o amplia a ponto de estender seu uso além dos limites previstos. De fato, se esse fosse o projeto, teria que mostrar como a relação lógica entre o fundamento e a consequência pode ser utilizada sinteticamente numa espécie de intuição que não seja a intuição sensível, isto é, como é possível uma *causa noumenon;*

ela não é de forma alguma capaz disso e do que, além disso, como razão prática, também não se preocupa, pois ela apenas coloca *o fundamento da determinação* da causalidade do homem como ser sensível (causalidade que, efetivamente, é dada); ela só faz colocá-lo *na razão pura* (que por isso é chamada prática); por isso, ela usa o próprio conceito da causa, de cuja aplicação a objetos para o conhecimento teórico ela pode abster-se (porque este conceito é sempre encontrado *a priori* no intelecto e até independente de toda intuição), não para conhecer objetos, mas para determinar sua causalidade, em geral, relativamente a objetos, do que resulta não ter seu emprego outra finalidade que não seja a prática; e é por isso que ela pode transladar o motivo determinante da vontade na ordem inteligível das coisas, confessando assim que não pode compreender qual seja a determinação do conceito de causa para o conhecimento dessas coisas. É sem dúvida necessário que a razão prática conheça de uma forma determinada a causalidade relativa às ações da vontade no mundo sensível, pois, sem isso não poderia efetivamente produzir nenhum ato. Mas o conceito que ela se forma de sua própria causalidade como númeno não tem necessidade de determiná-lo teoricamente para o conhecimento de sua existência suprassensível nem tampouco para lhe dar uma significação nessa medida. De fato, ainda que seja para o uso prático, já recebe indiretamente uma significação por meio da lei moral. Além disso, se a considerarmos teoricamente, permanece sempre como um conceito puro da inteligência, dado *a priori*, que pode ser aplicado a objetos, sejam estes apresentados sensivelmente ou não, porque no último caso não tem nenhuma significação determinada ou aplicação teórica. Seria, então, simplesmente um pensamento formal, mas essencial, do intelecto, relativo a um objeto em geral. É exclusivamente prática a significação que lhe proporciona a razão por meio da lei moral, pois, com efeito, a ideia da lei de uma causalidade (da vontade) tem uma causalidade em si mesma ou constitui o fundamento da determinação dessa causalidade.

II - Do Direito que a Razão Pura Tem, em seu uso Prático, a uma Ampliação que, em si, não é Possível para ela no uso Especulativo

Com o princípio moral estabelecemos uma lei da causalidade que transfere o fundamento da determinação dessa causalidade além de todas as condições do mundo sensível; mas não *consideramos* somente a vontade enquanto determinável como pertencente a um mundo inteligível e, por conseguinte, o sujeito dessa vontade (o homem), como pertencente a um mundo inteligível puro, embora para nós desconhecido nessa relação (como poderia ocorrer segundo a crítica da razão especulativa pura), mas a *determinamos* também em relação à sua causalidade, por meio de uma lei que não pode ser incluída entre as leis naturais do mundo sensível; desse modo, *ampliamos* nosso conhecimento para além dos limites do mundo sensível, embora a crítica da razão pura declarasse nula essa pretensão diante de qualquer especulação. Como é possível conciliar aqui o uso prático e o teórico da razão pura com relação à determinação dos limites de seu poder?

David Hume, de quem podemos dizer que começou verdadeiramente todos os ataques contra os direitos de uma razão pura, ataques que tornaram propriamente necessária um completo exame dos mesmos, raciocinava assim: o conceito de *causa* é um conceito que contém a *necessidade* da conexão da existência de coisas diferentes, precisamente enquanto são diversas, de modo que se suponho A, reconheço que alguma coisa diferente dele, B, deve necessariamente existir. A necessidade, porém, não pode ser atribuída também a uma conexão, salvo enquanto essa é conhecida *a priori*, porque a experiência facultaria apenas conhecer a existência dessa conexão, mas não que é necessariamente assim.

Ora, diz Hume, é impossível conhecer *a priori* e como necessária uma ligação existente entre uma coisa e *outra* coisa (ou entre uma determinação e outra em tudo diferente dela), quando não são dadas na percepção. O conceito de uma causa, portanto, é em si mesmo falso e enganoso e, para falar de uma forma mais moderada, constitui uma ilusão, desculpável só porque o *costume* (uma necessidade *subjetiva*) de perceber certas coisas ou suas determinações, com frequência simultaneamente ou sucessivamente, como associadas em sua existência, é adquirido sem que se perceba por uma necessidade *objetiva* de dar tal conexão aos próprios objetos; e, assim, o conceito de uma causa é usurpado e não adquirido por direito, mais ainda, que não pode nunca ser adquirido e justificado, porque exige uma conexão impossível, quimérica e insustentável que, portanto, não resiste diante de nenhuma razão e à qual nenhum objeto pode lhe corresponder.

Foi assim, pois, que o *empirismo* foi introduzido primeiramente como a fonte única dos princípios, em consideração a todo o conhecimento referente à existência das coisas (ficando a matemática, portanto, dele excluída); mas com ele surge, ao mesmo tempo, o mais duro *ceticismo*, embora em consideração a toda ciência da natureza (como filosofia).

De fato, segundo proposições fundamentais assim compreendidas, não podemos nunca concluir de certas determinações das coisas, de acordo com a existência destas, como uma consequência (porque para isso se exigiria o conceito de uma causa, conceito que encerra a necessidade de tal conexão), mas apenas esperar, segundo a regra da imaginação, casos semelhantes aos casos habituais; mas esta expectativa nunca é segura, por mais vezes que tenha sido confirmada. Assim a respeito de algum acontecimento, não se poderia dizer: *é necessário* que tenha sido precedido por alguma coisa, resultando *necessariamente* o ocorrido, em outros termos, é necessário que tenha uma *causa*; e, por conseguinte, mesmo supondo que conhecêssemos numerosos casos nos quais pudéssemos encontrar tal antecedente e assim deduzir deles uma regra, não se poderia, contudo, admitir que isso ocorresse sempre e necessariamente assim; porque, ao afirmarmos isso, equivaleria a abandonar-se a uma cega causalidade, na qual cessa todo o uso da razão; isso fundamenta solidamente o ceticismo e o torna irrefutável a propósito dos raciocínios que remontam dos efeitos às causas.

A matemática se havia retirado disso, porque Hume queria que suas proposições fossem todas analíticas, isto é, que progredissem de uma determinação a outra em virtude da identidade, por conseguinte, segundo o princípio da contradição (o qual, no entanto, é falso, porque todas essas proposições são preferentemente sintéticas, mesmo quando, por exemplo, a geometria não se ocupe da existência das coisas, mas apenas de sua determinação *a priori* numa intuição possível, encaminhando, contudo, tal ciência como se fosse por meio de conceitos causais de uma determinação A a outra completamente distinta, B, como se esta, contudo, estivesse necessariamente ligada com A). Mas esta ciência, tão altamente apreciada por sua certeza apodítica, deve necessariamente sucumbir também diante de uma *concepção empirista das proposições fundamentais*, motivo também pelo qual Hume colocou o costume em lugar da necessidade objetiva no conceito de causa; a isso, porém, deve resignar-se, em detrimento de seu orgulho, ao ter de rebaixar suas temerárias pretensões de exigir imperiosamente *a priori* nossa adesão sobre o valor universal de suas proposições; deve aguardar sua aprovação para a validade universal das suas proposições do favor dos observadores que, como testemunhas, não se negariam certamente a confessar que aquilo que o geômetra apresenta como proposições fundamentais, eles sempre o acataram; por conseguinte, ainda que não fosse justamente necessário, continuariam merecendo essa expectativa. Desse modo, o empirismo de Hume sobre as proposições fundamentais conduz inevitavelmente ao ceticismo, inclusive com relação à matemática e, por conseguinte, em todo o uso teórico *científico* da razão (porque este uso pertence à filosofia ou à matemática). Quanto a saber se o uso comum da razão (em tão temível reviravolta que atinge o cume do conhecimento) sairá dessa situação ou se correrá o risco de ver-se irremediavelmente envolvido nessa destruição de todo o saber, não deixando, portanto, de resultar num ceticismo *universal* dessas mesmas proposições fundamentais (ceticismo, todavia, que apenas atingirá os doutos); isso quero deixar à apreciação de cada um.

No que diz respeito a meu trabalho na *Crítica da razão pura*, empreendimento que foi ocasionado certamente por essa doutrina cética de Hume, mas que foi muito mais longe e abrangeu todo o campo da razão teórica pura em seu uso sintético e, por conseguinte, também o que se denomina metafísica em geral, procedi da maneira seguinte com relação à dúvida do filósofo escocês sobre o conceito da causalidade. Se Hume declara, tomando os objetos da experiência como *coisas em si mesmas* (como isso se faz, por outra, de modo geral), o conceito de causa uma enganosa e falsa ilusão, nisso tinha perfeitamente razão; pois, nas coisas em si e em suas determinações como tais, não se pode compreender como e em virtude de que se admite, se admitirmos uma coisa A, devamos necessariamente admitir outra coisa B; como consequência, Hume não podia admitir semelhante conhecimento *a priori* das coisas em si mesmas. Muito menos ainda poderia, esse homem arguto, admitir uma origem empírica desse conceito, simplesmente porque essa origem contradiz diretamente a necessidade da conexão que constitui o essencial do conceito da causalidade; por conseguinte, o conceito foi banido e em seu lugar se infiltrou o costume na observação do curso das percepções.

De minhas indagações resultava, porém, que os objetos com os quais devemos tratar na experiência não são de modo algum coisas em si mesmas, mas simples fenômenos e que, embora em coisa dessa natureza não se pode ver e até seja impossível compreender como, se posto A, deva ser *contraditório* não por B, que é inteiramente distinto de A (a necessidade da conexão entre A como causa e B como efeito); entretanto, podemos perfeitamente conceber que estes, como fenômenos, devem necessariamente estar ligados *a uma experiência* de certa maneira (por exemplo, no que se refere às relações de tempo) e que, por conseguinte, esses fenômenos não podemos separá-los sem incorrer em *contradição* para com essa conexão, mediante a qual se torna possível a experiência em que os mesmos são objetos e, além disso, objetos apenas cognoscíveis para nós. Com efeito, isso se verificou pelo próprio fato, de modo que se pode não apenas demonstrar o conceito de causa segundo sua realidade objetiva relacionada com os objetos da experiência, mas também *deduzi-lo* como conceito *a priori*, em virtude da necessidade de conexão que encerra em si mesmo, isto é, expor sua possibilidade, tirando-a do entendimento puro sem fontes empíricas, e assim, depois de apontar o empirismo de sua origem, destruir na própria base a consequência inevitável desse empirismo, ou seja, o ceticismo, primeiro em relação com a ciência da natureza, em seguida também, em relação à matemática, uma vez que esta se origina inteiramente de idênticos fundamentos, ciências essas que, ambas, estão relacionadas com objetos da experiência possível, e pude, com isso, afastar fundamentalmente a dúvida integral de tudo o que a razão teórica sustenta que por compreender.

Mas que acontece com a aplicação desta categoria da causalidade (e, portanto, também de todas as outras, pois não é possível sem elas qualquer conhecimento do existente) a coisas que não são objetos da experiência possível, mas que se situam para além dos limites da experiência? De fato, não consegui deduzir a realidade objetiva desses conceitos, a não ser com relação aos *objetos da experiência possível*.

Mas justamente isso: o fato de ter eu apenas salvado os mesmos nesse caso e ter estabelecido que por meio deles podemos *pensar* os objetos, mesmo que não se possa determiná-los *a priori*, é o que lhes confere um lugar no entendimento puro, por meio do qual se referem a objetos em geral (sensíveis ou insensíveis).

Se ainda falta alguma coisa, é a condição da *aplicação* dessas categorias, especialmente aquela da causalidade, a objetos, isto é, a intuição que, onde não é dada, torna impossível a aplicação *em vista do conhecimento teórico* do objeto como número, aplicação que então, se alguém se arrisca fazê-la (como também ocorreu na *Crítica da Razão Pura*), se lhe deparam obstáculos ao mesmo tempo que sempre permanece a realidade objetiva do conceito, podendo este ser usado também por números, mas sem poder determinar teoricamente em mínima parcela esse conceito e produzir assim um conhecimento.

Com efeito, este conceito não contém também, em relação com um objeto, nada de impossível, como ficou demonstrado, sendo-lhe assegurada sua estabilidade no entendimento puro para toda a aplicação a objetos dos sentidos; e mesmo quando ele, sem dúvida relativamente a coisas em si mesmas (que não podem ser objetos da experiência), não seja suscetível de qualquer determinação para a representação de um *objeto determinado* em vista de um conhecimento teórico, poderia, no entanto, pra algum uso (talvez o uso prático) ser ainda suscetível de uma determinação aplicável a si mesmo, coisa que não poderia ser possível se, como o defende Hume, esse conceito da causalidade contivesse alguma coisa que fosse absolutamente impossível de pensar.

Para descobrir agora esta condição da aplicação do conceito a números, basta recordar *porque não sua aplicação aos objetos da experiência não é suficiente para nossa satisfação* e porque gostaríamos de aplicá-lo também às coisas em si mesmas.

Com efeito, vê-se então em seguida que não é uma intenção teórica, mas uma intenção prática a que torna esse uso uma necessidade para nós. Na especulação, mesmo que levássemos a efeito essa aplicação, não obteríamos, contudo, um verdadeiro proveito para o conhecimento da natureza nem em geral relativamente aos objetos que podem nos ser apresentados de algum modo, mas em todo caso não daríamos um grande passo com aquilo que é condicionado de maneira sensível (permanecer nele, percorrendo cautelosamente os elos das causas, já nos dá bastante que fazer) ao suprassensível, com o objetivo de completar e limitar nosso conhecimento pelo lado dos fundamentos, embora permanecesse sempre sem encher um abismo infinito entre esse limite e o que conhecemos, deixando-nos conduzir mais por uma curiosidade supérflua do que por um desejo profundo de saber.

Mas, além da relação em que o entendimento se reporta a objetos (no conhecimento teórico), existe ainda uma relação com a faculdade de desejar que por isso se chama vontade, e vontade pura, enquanto o entendimento puro (que em tal caso se chama razão) é prático, mediante a simples representação de uma lei.

A realidade objetiva de uma vontade pura ou, o que é a mesma coisa, de uma razão prática pura é dada *a priori* na lei moral, por assim dizer como por um fato; pois, assim se pode denominar uma determinação da vontade, que é inevitável, mesmo que não repouse em princípios empíricos. Mas no conceito de uma vontade já está contido o conceito da causalidade; por conseguinte, naquele de uma vontade pura, encontra-se o conceito de uma causalidade com liberdade, isto é, de uma causalidade que não pode ser determinada segundo as leis da natureza que, portanto, não é suscetível de nenhuma apresentação intuitiva empírica como prova de sua realidade, mas que, no entanto, justifica perfeitamente a priori sua realidade objetiva na lei prática pura, não (como facilmente se pode reconhecer) em vista do uso teórico, mas somente em vista do uso prático da razão.

Ora, o conceito de um ser que possua uma vontade livre é o conceito de uma *causa noumenon*, e de que esse conceito não se contradiz a si mesmo, já o demonstramos com segurança, porque o conceito de uma causa, como inteiramente proveniente do entendimento puro, que também já foi demonstrado, numa realidade objetiva relativamente a objetos em geral, pela dedução, independente, além disso, quanto à sua origem, de todas as condições sensíveis, portanto, não limitado por si mesmo aos fenômenos (a não ser onde se deva fazer do mesmo determinado uso teórico), pode certamente ser aplicado a coisas enquanto puros seres de entendimento. Mas como nenhuma intuição, uma vez que a intuição jamais pode ser sensível, não pode chegar a sustenta essa aplicação, o conceito de uma *causa noumenon*, com relação ao uso teórico da razão, é um conceito que, embora possível e imaginável, é contudo vazio.

De fato, porém, não peço tampouco com isso *conhecer teoricamente* a constituição de um ser *enquanto* dotado de uma vontade *pura*; é suficiente para mim poder simplesmente com isso caracterizá-lo como tal e, por conseguinte, unir o conceito da causalidade com o da liberdade (e, o que dele é inseparável, com a lei moral como fundamento da determinação desta); em todo o caso, este direito me assiste em absoluto, em virtude da origem pura, não empírica, do conceito de causa, não me julgando autorizado a fazer uso dele, a não ser em relação com a lei moral que determina sua realidade, isto é, fazer dele unicamente um uso prático.

Se, com Hume, eu tivesse tirado do conceito da causalidade a realidade objetiva no uso teórico, não só em relação às coisas em si mesmas (ao suprassensível), mas também com relação aos objetos dos sentidos, então teria perdido qualquer significação e, enquanto conceito teoricamente impossível, teria sido declarado inteiramente inútil; e, como não se pode fazer do nada qualquer uso, da mesma forma, o uso de um conceito *teoricamente nulo* resultaria de todo absurdo. Mas como o conceito de uma causalidade empiricamente incondicionada é certamente teoricamente vazio (sem intuição a ele apropriada), embora sempre possível, e que se refere a um objeto indeterminado, como, em contrapartida, recebe apesar disso da mesma forma, com a lei moral, significação, por conseguinte, sob o aspecto prático, não disponho certamente de nenhuma intuição que determinasse, para esse conceito, sua realidade teórica objetiva, mas tampouco possui uma aplicação efetivamente real que se deixe apresentar concretamente em resoluções ou em máximas, isto é, uma realidade prática que pode ser assinalada; isso é suficiente, portanto, para sua justificação, mesmo para a aplicação aos númenos.

Mas, uma vez introduzida essa realidade objetiva de um conceito puro do entendimento no campo do suprassensível, ela dá então também a todas as outras categorias, ainda que seja apenas quando se acham *necessariamente* unidas com o fundamento da determinação da vontade pura, da realidade objetiva, mas somente aquela da aplicação prática, sem que tenha a menor influência sobre os conhecimentos teóricos desses objetos, como penetração na natureza dos mesmos pela razão pura, com o objetivo de ampliar esses conhecimentos.

Por isso constataremos igualmente, a seguir, que as categorias nunca se referem senão a seres enquanto *inteligências* e nestas unicamente também em relação da *razão* com a *vontade*, isto é, exclusivamente ao que é prático, não se atribuindo, além disso, conhecimento algum desses seres; que, por fim, no que se refere às propriedades pertencentes ao modo de representação teórico dessas coisas suprassensíveis, poder-se-ia ainda uni-las com essas categorias, contando-se todas elas não como partícipes do saber, mas somente do direito (numa perspectiva prática, contudo, da própria necessidade) que se tem de pressupor e admitir essas coisas suprassensíveis, mesmo onde são admitidos seres suprassensíveis (como Deus), segundo uma analogia, isto é, segundo uma pura relação racional que, relativamente aos seres sensíveis, utilizamos praticamente e onde, assim, por essa aplicação ao suprassensível, mas somente numa perspectiva prática, não se fornece à razão teórica pura o menor pretexto para se exaltar até se perder no transcendental.

CAPÍTULO II

Da Analítica da Razão Prática

Do Conceito de um Objeto da Razão Prática Pura

Por um conceito da razão prática entendo a representação de um objeto como de um efeito possível produzido pela liberdade. Ser objeto do conhecimento prático como tal significa, portanto, somente a relação da vontade à ação, pela qual esse objeto ou seu contrário seria efetivamente realizado; e julgar se determinada coisa é ou não objeto da razão prática pura é discernir a possibilidade ou a impossibilidade de *querer* essa ação mediante a qual, se tivéssemos o poder necessário (o que cabe à experiência julgar), certo objeto se tornaria efetivamente real. Se supomos que o objeto constitui o fundamento da determinação de nossa faculdade de desejar, devemos admitir que, mediante o uso de nossas forças, esse objeto é *fisicamente possível*, urgindo acolhê-lo antes de julgar se é ou não um objeto da razão prática. Por outro lado, se a lei pode ser considerada *a priori* como o fundamento da determinação da ação e, por conseguinte, se a ação pode ser considerada como determinada pela razão prática pura, então o juízo que estabelece se alguma coisa é ou não objeto da razão prática pura é totalmente independente da comparação com nosso poder físico e a questão é de somente saber se nos é permitido *querer* uma ação dirigida sobre a existência de um objeto, no caso em que este estivesse em nosso poder;

então, se conseguimos isso, é a *possibilidade moral* da ação que atua, pois, neste caso, não é o objeto, mas a lei da vontade que é o fundamento da determinação dessa ação.

Os únicos objetos de uma razão prática são, portanto, o *bem* e o *mal*. O primeiro é um objeto necessário da faculdade de desejar; o segundo é um objeto necessário da faculdade de ter aversão, mas segundo um princípio da razão em ambos os casos.

Não se origina o conceito do bem deve, não ser derivado de uma lei prática que o preceda, mas, pelo contrário, servir de fundamento a essa lei, então só pode ser o conceito de algo cuja existência prometa prazer e determine dessa maneira a causalidade do sujeito para produzi-lo, isto é, determina a faculdade de desejar.

Ora, como é impossível discernir *a priori* qual representação será acompanhada de *prazer* e qual será acompanhada de *sofrimento*, seria coisa resultante exclusivamente da experiência decidir o que é imediatamente bom ou mau.

A propriedade do sujeito, em relação à qual apenas essa experiência pode ser instaurada, é o *sentimento* do prazer ou da dor, tomados como receptor pertencente ao sentido interno, vindo assim o conceito do que seja imediatamente bom ser aplicado somente naquilo que esteja imediatamente ligado à sensação do *prazer*, e não seria necessário relacionar o conceito daquilo que é absolutamente mau senão ao que suscita imediatamente a *dor*. Mas como isso se contrapõe ao uso da língua, que distingue o *agradável* do *bom*, o *desagradável* do *mau*, exigindo que o bem e o mal sejam julgados sempre pela razão, consequentemente por conceitos passíveis de comunicar universalmente e não pela simples sensação que é limitada a sujeitos particulares e à sua receptividade, mas como também um prazer ou um sofrimento não podem, por si mesmos, ser ligados *a priori* de maneira imediata a nenhuma representação de um objeto, o filósofo que se julgasse obrigado a colocar uma sensação de prazer como base de seu juízo prático, designaria como bom o que não passa de um meio para chegar ao aprazível, tendo assim por mau aquilo que só é causa de desagrado ou de sofrimento, porque o julgamento de relação entre os meios e os fins pertence certamente à razão.

Mas embora somente a razão seja capaz de penetrar a conexão dos meios com suas intenções (de forma que também se pudesse definir a vontade como o poder dos fins, sendo estes fundamentos permanentes da determinação, segundo princípios, da faculdade de desejar), também as máximas práticas que, como meios, podiam derivar-se do conceito do bem já evocado, não conteriam nunca, como objeto da vontade, algo que fosse bom por si mesmo, mas encerrariam algo de *bom para qualquer coisa*; então, o bem não seria sempre simplesmente o útil, e aquele para o qual este útil fosse útil, deveria sempre residir fora da vontade, na sensação. Se fosse necessário, portanto, que esta, como sensação agradável, tivesse de ser distinguida do conceito do bem, não haveria em absoluta nada de imediatamente bom, mas seria necessário procurar o bem unicamente nos meios em vista de outra coisa, isto é, em vista de uma satisfação qualquer.

Há uma velha fórmula escolástica: *Nihil appetimus nisi sub ratione boni; nihil aversamur nisi sub ratione mali*[1] e é empregada com frequência de um modo exato, mas muitas vezes também de um modo funesto para a filosofia, porque os vocábulos *boni* e *mali* contêm uma ambiguidade da qual é culpada a pobreza da língua; essa ambiguidade os torna suscetíveis de assumir um duplo sentido, e forçam, portanto, inevitavelmente as leis práticas a variar, obrigando a filosofia, que no uso das mesmas palavras, pode muito bem inteirar-se da diversidade de conceitos compreendidos pela mesma palavra, sem poder, contudo, encontrar qualquer expressão específica para ela, o que torna impossível qualquer acordo, porquanto é impossível indicar a diferença imediata por parte de alguma expressão adequada[2].

A língua alemã tem a ventura de possuir nesse particular os termos exatos que não permitem passar despercebida essa diferença. Para designar aquilo que os latinos denominam com uma só palavra *bonum*, ela possui dois conceitos muito diferentes e também vocábulos de todo diversos: para a palavra *bonum*, tem dois termos: *das Gute* (o bem) e *das Wohl* (o bem-estar); para *malum*, tem *das Böse* (o mal) e *das Ubel* – ou *Weh* (os males – ou o sofrimento), de forma que são dois juízos bem diversos considerar numa ação a relação ao *bem* e

---

(1) Máxima latina que significa "nada desejamos se não for em razão de um bem, nada rejeitamos se não for em razão de um mal" (NT).

(2) Além disso, a expressão *sub ratione mali* é também equívoca. De fato, isso pode significar: nós nos representamos alguma coisa como bom quando e *porque o desejamos* (queremos); mas também: desejamos alguma coisa porque nós *a representamos para nós como algo bom*, de modo que é ou o desejo que é o fundamento da determinação do conceito do objeto como de um objeto bom, ou o conceito do bem que é o fundamento da determinação do desejo (da vontade); com efeito, *sub ratione boni* significaria então, no primeiro caso: queremos alguma coisa *sob a ideia* do bem; e no segundo caso: queremos alguma coisa *em consequência dessa ideia*, ideia que deve preceder o querer como fundamento da determinação deste.

ao *mal* em si, ou a relação a nosso *bem-estar* e a nosso *sofrimento* (um mal). Segue-se disso que a proposição psicológica que acabamos de formular fica ainda pelo menos muito incerta se for traduzida assim: nada desejamos que não seja com referência a nosso *bem-estar* ou à nossa *dor*; por outro lado, torna-se indubitavelmente certa e ao mesmo tempo clara em sua expressão se for interpretada desta maneira: nada queremos por indicação da razão, senão o que qualificamos de bom ou mau.

O *bem-estar* ou os *males* indicam sempre uma só relação com o nosso estado de *agrado* ou *desagrado*, de contentamento ou de pesar; e se por isso desejamos ou rejeitamos um objeto, isso só se produz desde que esteja relacionado com nossa sensibilidade e com o sentimento de prazer e de dor que produz.

Mas o *bem* ou o *mal* significam sempre uma relação na *vontade*, quando esta for determinada *pela lei da razão* ao fazer de alguma coisa um objeto; pois a vontade também nunca é determinada imediatamente pelo objeto e pela representação deste, mas ela é um poder de fazer, por si mesma, de uma regra da razão a causa motriz de uma ação (mediante a qual um objeto pode tornar-se efetivamente real). *O* bem ou *o* mal são, portanto, relacionados, propriamente falando, a ações e não ao estado de sensibilidade da pessoa; e se alguma coisa tivesse de ser absolutamente (e sob todos os aspectos e sem qualquer outra condição) boa ou má, ou tida como tal, seria somente o modo de agir, a máxima da vontade e consequentemente a própria pessoa operante, enquanto homem bom ou mau, que assim poderia ser denominada, mas não uma coisa.

Desse modo se poderia rir do estoico que, presa das mais vivas dores de gota, exclamava: "Dor, é em vão que me atormentes tanto e mais ainda, porquanto nunca haverei de confessar que sejas alguma coisa de mal" (*etwas Böses* – κακον, *malum*)[3]! Apesar de tudo, tinha razão. O que o afetava e o que seus clamores acusavam era *um mal*, mas nem por isso poderia conceder que por ele sofria um mal (*ein Böses*), porque a dor não diminuía em nada o valor de sua pessoa, mas somente o valor de seu estado. Uma só mentira, da qual tivesse tido consciência, seria motivo suficiente para abater

---

(3) Frase atribuída a Possidônio (135-51 a.C.), filósofo grego da escola estoica (NT).

seu ânimo; mas o sofrimento só servia de ocasião para elevá-lo, se tivesse consciência de não ter provocado essa ocasião e de não merecer assim um castigo.

O que devemos denominar bom (*gut*) é necessário que isso seja, no juízo de todo homem sensato, um objeto da faculdade de desejar e é necessário que *o mal* seja, aos olhos de cada um, um objeto de aversão; por conseguinte, esse julgamento, além da sensibilidade, requer também o emprego da razão. O mesmo ocorre da distinção entre a veracidade e a falsidade, entre a justiça e a violência, etc. Podemos, contudo, denominar *um* mal (*Ubel*) alguma coisa, quando ao mesmo tempo todos devam declará-la umas vezes mediata e outras imediatamente como um bem (*Gut*); por exemplo, quem suporta uma operação cirúrgica, experimenta isso como *um* mal (*Ubel*), mas ele próprio e todos serão unânimes em proclamar que se trata de um bem (*Gut*).

Pelo contrário, se alguém se diverte em provocar e atormentar pessoas pacíficas, um dia quebra a cara e se arrisca ainda a apanhar; este é sem dúvida *um* mal (*Ubel*) para ele, mas todo mundo aplaude, considerando-o como algo bom (*gut*) em si, mesmo se no final não resultasse em nada; contudo, o mesmo que apanhou, logo após, diante de sua própria consciência, deve reconhecer que isso foi merecido, porque vê nisso aplicada exatamente a proporcionalidade entre o bem-estar e a boa conduta, proporcionalidade que a razão a relembra inevitavelmente a ele.

Certamente a consideração de nosso bem-estar e de nosso mal influi sem dúvida alguma *verdadeiramente em muito* no juízo de nossa razão prática e, no que se refere à nossa natureza de seres sensíveis, *tudo* depende de nossa *felicidade* quando esta, como a razão o exige em prioridade, não é julgada segundo a sensação passageira, mas segundo a influencia que essa contingência exerce sobre toda a nossa existência e sobre a satisfação que esta última dá; mas *tudo, absolutamente*, não dependente realmente disso.

O homem é um ser de necessidades enquanto pertence ao mundo sensível, nessa medida, sua razão tem certamente como, a respeito da sensibilidade, uma carga de que não pode declinar, a de se preocupar por seu interesse e de elaborar para si máximas práticas também em vista da felicidade nesta vida e, se possível, para a vida futura. Mas ele não é um animal a ponto de permanecer indiferente a tudo quanto a razão por si mesma lhe dita e de utilizar-se desta apenas como instrumento para a satisfação de suas necessidades como ser sensível. De fato, por possuir uma razão não o eleva em absoluto no que diz respeito a seu valor acima da simples animalidade, e essa razão não lhe servir senão para alcançar o que realiza, entre os animais, o instinto; a razão só seria, nesse caso, uma maneira particular de que a natureza se serviria para conduzir o homem ao mesmo fim a que destina os animais, sem lhe destinar outro superior. O homem, segundo dispôs a natureza, necessita certamente da razão para ter sempre presente, em toda ocasião, seu bem-estar e seu sofrimento, mas a possui também para uma finalidade superior, isto é, não só para discernir e considerar, na reflexão, o que é bem ou mal em si, coisa sobre a qual só a razão pura, que não é em absoluto interessada no que é sensível, pode julgar, como também para distinguir inteiramente este último juízo do primeiro e para fazer dele a condição suprema que se impõe ao levar em consideração seu bem-estar e seu sofrimento.

No julgamento do bem e do mal em si, diferenciado do que assim possa denominado relativamente ao bem-estar ou aos males, importa considerar os seguintes pontos. Ou um princípio racional é já concebido em si como sendo em si mesmo o fundamento da determinação da vontade, sem relação a objetos possíveis da faculdade de desejar (portanto, só por meio da forma legal da máxima) e então este princípio é uma lei prática *a priori*, devendo-se admitir a razão pura como prática por si mesma. A lei determina então *imediatamente* a vontade, sendo a ação conforme esta lei *boa em si mesma*; logo uma vontade cuja máxima é sempre conforme a essa lei, é *absolutamente boa, sob todos os aspectos*, e ela é *a condição suprema de todo bem*.

Ou, se um fundamento da determinação da vontade proveniente da faculdade de desejar precede a máxima da vontade, que pressupõe um objeto de prazer ou de dor e, por conseguinte, algo que *produza satisfação* ou que *é doloroso*, e a máxima da razão, procurando fugir disso e cultivar aquilo, determina ações, de modo que elas são boas relativamente a nossas inclinações, donde resulta que só mediatamente (em relação a algum fim distante, como meio de chegar a ele) e essas máximas não podem então jamais serem chamadas leis, embora sejam preceitos práticos racionais. O próprio fim, o prazer que buscamos, não é, neste último caso, um *bem*, mas um *bem-estar*, não é um conceito da razão, mas um conceito empírico de um objeto da sensação; apesar disso, o emprego do meio para atingir esse objetivo, isto é, a ação (porque uma reflexão racional é requerida por isso), é apesar disso qualificada de boa, não de maneira absoluta, mas somente com relação à nossa sensibilidade, a seu sentimento do prazer e da dor; mas quando a máxima da vontade venha a ser afetada por esse sentimento, já não é uma vontade pura, porque esta só pode encontrar-se onde a razão pura possa ser por si mesma também prática.

Aqui é o lugar de explicar o paradoxo do método numa crítica da razão prática, *a saber, que é necessário que o conceito do bem e do mal* (des Guten und Bösen) *não seja determinado antes da lei moral (para a qual esse conceito aparentemente deverá servir de fundamento) mas somente (como é realmente o caso aqui) depois desta lei e por ela.*

Com efeito, mesmo que não soubéssemos que o princípio da vida moral é uma lei pura, determinando *a priori* a vontade, seria necessário, contudo, para não admitir proposições fundamentais de todo gratuitamente (*grátis*), deixar *indeterminada*, pelo menos inicialmente, a questão de saber se a vontade só conhece fundamentos da determinação empíricos ou se conhece também *a priori* fundamentos que sejam puros; de fato, ele é contrário a todas as regras fundamentais do método filosófico admitir de antemão como resolvido o que se deve antes discutir.

Supondo que quiséssemos agora começar pelo conceito do bem para fazer derivar dele as leis da vontade, então este conceito de um objeto (como de um objeto bom) designaria ao mesmo tempo esse objeto como único fundamento da determinação da vontade. Mas como esse conceito não teria por norma nenhuma lei prática *a priori*, não se poderia tomar como pedra de toque do bem ou do mal nada mais que o acordo do objeto com nosso sentimento do prazer ou da dor, e o uso da razão só poderia consistir em determinar em parte o local desse prazer ou dessa dor na relação de conjunto com todas as sensações de minha existência, em parte os meios para me proporcionar o objeto destas. Ora, como unicamente a experiência pode decidir o que poderia ser conforme ao sentimento do prazer, mas como a lei prática, segundo o que se estabeleceu, deve contudo estar fundamentada nesse sentimento tomado como condição, a possibilidade de leis práticas *a priori* fica completamente excluída; isso porque se acreditaria necessário encontrar previamente para a vontade um objeto cujo conceito, como conceito de um objeto bom, constituísse o fundamento universal da determinação da vontade, embora empiricamente. Entretanto, pareceria realmente necessário examinar primeiramente se não havia também um fundamento *a priori* da determinação da vontade (que nunca teria sido encontrado neste caso a não ser numa lei prática pura, enquanto esta prescreve às máximas a simples forma da lei, sem levar em consideração nenhum objeto). Mas como já se colocava na base de toda a lei prática um objeto segundo conceitos do bem e do mal, esse objeto todavia, sem uma lei anterior, não podia ser concebido senão segundo conceitos empíricos, resultava suprimida de antemão a possibilidade até mesmo de apenas conceber uma lei prática pura; mas quando, pelo contrário, procurássemos antes analiticamente essa lei, resultaria que não é o conceito do bem como conceito de um objeto que determina e torna possível a lei moral, mas, em vez disso, é a lei moral que determina e torna possível o conceito do bem, quando este merece absolutamente esse nome.

Esta observação, que diz respeito só ao método das investigações morais superiores, tem importância. Ela explica de uma só vez o fundamento que ocasionou todos os erros dos filósofos em relação ao princípio supremo da moral. De fato, eles procuravam um objeto da vontade para fazer do mesmo a matéria e o fundamento de uma lei (que, por conseguinte, não devia ser o fundamento da determinação da vontade imediatamente, mas por meio desse objeto, relacionado ao sentimento do prazer ou da dor); então eles deveriam ter procurado antes uma lei que determinasse *a priori* e imediatamente a vontade, e só depois, segundo essa lei, o objeto. Consequentemente, ao colocar o objeto do prazer, que deveria proporcionar-lhes o conceito supremo do bem, na felicidade, na perfeição, na lei moral ou na vontade de Deus, sua proposição fundamental seria sempre, contudo, a heteronomia e tinham inevitavelmente que se deparar com condições empíricas impostas à lei moral, porque não podiam denominar bom ou mau seu objeto, como imediato fundamento da determinação da vontade, mas que, segundo sua relação imediata com o sentimento, é sempre empírico.

Só uma lei formal, isto é, uma lei que, como tal, não prescreve à razão nada mais do que a forma de sua legislação universal, como suprema condição das máximas, pode ser *a priori* um fundamento da determinação da razão prática. Os antigos deixavam pelo menos ver abertamente esta falha ao concentrar inteiramente sua investigação na determinação do conceito do *soberano bem*, por conseguinte, de um objeto do qual tentavam imediatamente fazer o fundamento da determinação da vontade na lei moral, quando, pelo contrário, este objeto só podia ser apresentado à vontade muito mais tarde, quando a lei moral estiver estabelecida por si mesma e justificada como fundamento imediato da determinação da vontade, como objeto para essa vontade, já uma vez determinada *a priori* quanto à sua forma, tarefa que queremos mostrar na dialética da razão prática pura.

Os modernos, para os quais a questão do soberano bem parece ter caído em desuso ou pelo menos só se configurar como uma preocupação anexa, ocultam a falha assinalada (como em muitos outros casos) atrás de algumas palavras vagas; essa falha, contudo, se deixa entrever em seus sistemas, onde então desvela em toda parte a heteronomia da razão prática, da qual nunca mais pode surgir uma lei moral que ordene universalmente *a priori*.

Assim, como os conceitos do bem e do mal, enquanto consequências da determinação *a priori* da vontade, pressupõem também um princípio prático puro, por conseguinte, uma causalidade da razão pura, não se referem originalmente (por exemplo, como determinações de unidade sintética, numa consciência, na multiplicidade de intuições dadas) a objetos, como os conceitos puros do entendimento ou categorias da razão usada teoricamente – supõem antes esses objetos como dados, mas são na totalidade modos (*modi*) de uma só categoria, isto é, a de causalidade quando o fundamento da determinação dessa causalidade é constituída pela representação racional de uma lei da razão desta que, como lei da liberdade, a razão se dá a si mesma, manifestando-se desse modo como prática *a priori*. Entretanto, como as ações, *de um lado*, devem certamente ser submetidas a uma lei que não é uma lei da natureza, mas uma lei da liberdade e pertencem, portanto, à conduta de seres inteligíveis, mas que, *de outro lado*, entretanto, pertencem também, enquanto acontecimentos do mundo sensível, aos fenômenos, as determinações de uma razão prática não poderão, portanto, ter lugar senão em relação ao mundo sensível, por conseguinte, em conformidade com as categorias do entendimento, certamente, mas não em vista de um uso teórico deste visando a reunir a diversidade da intuição (sensível) sob uma consciência *a priori*, mas somente para submeter a diversidade dos *desejos* à unidade da consciência de uma razão prática que manda na lei moral ou de uma vontade pura *a priori*.

Essas *categorias da liberdade*, que preferimos denominar assim para opô-las a esses conceitos teóricos que são categorias da natureza, possuem uma vantagem manifesta sobre estas últimas, a saber que, enquanto estas não são mais do que formas do pensamento, que só se caracterizam de maneira indeterminada, por meio de conceitos universais, objetos em geral para toda intuição possível para nós, aquelas, por outro lado, como tendem à determinação de um *arbítrio livre* (para o qual certamente não pode ser facultada nenhuma intuição perfeitamente correspondente, mas que tem como fundamento uma lei prática *a priori*, o que não se encontra em nenhum conceito do uso teórico de nossa faculdade de conhecer), possuem, como conceitos práticos elementares, em lugar da forma da intuição (espaço e tempo), que não se encontra na própria razão, mas que deve ser tomada em outro local, isto é, no da sensibilidade, a *forma de uma vontade pura* que reside na razão, portanto, na própria faculdade de pensar; então resulta disso que, como em todos os preceitos da razão prática pura se se trata só da *determinação da vontade* e não das condições da natureza (do poder prático) para a *execução de seu propósito*, os conceitos práticos *a priori*, em sua relação com o supremo princípio da liberdade, se tornam imediatamente conhecimentos e não têm necessidade de esperar intuições para adquirir significação, e isso, por esse notável motivo que eles mesmos produzem a realidade efetiva daquilo a que se referem (a resolução da vontade), o que não ocorre em absoluto com conceitos teóricos. É preciso somente observar bem que essas categorias não dizem respeito senão à razão prática em geral e, desse modo, em sua ordem, passam daquelas que estão ainda moralmente indeterminadas e condicionadas sensivelmente àquelas que, sensivelmente incondicionadas, são determinadas unicamente pela lei moral.

Tabela das Categorias da Liberdade Com Relação aos Conceitos do Bem e do Mal

1
Da quantidade
Subjetivo, segundo máximas (*opiniões
do indivíduo com relação ao que quer*).
Objetivo, segundo princípios (*preceitos*).
Princípios *a priori* objetivos bem como
subjetivos da liberdade (*leis*).

2
Da qualidade
Regras práticas de *ação* (*preceptivas*).
Regras práticas de *abstenção* (*proibitivas*).
Regras práticas para *exceções* (*de exceção*).

3
Da relação
À *personalidade*.
Ao *estado* da pessoa.
Recíproca, de uma pessoa
ao estado das outras.

4
Da modalidade
O permitido e *o proibido*.
O dever e *o contrário do dever*.
Dever perfeito e *dever imperfeito*.

Percebe-se facilmente que, neste quadro, a liberdade é considerada como uma espécie de causalidade, a qual, todavia, não está submetida a fundamentos da determinação empíricos, em relação às ações possíveis por meio dessa mesma causalidade, como fenômenos no mundo sensível; por conseguinte, ela se refere às categorias de sua possibilidade natural, com a reserva, no entanto, de que cada categoria é tomada tão universalmente que o fundamento da determinação dessa causalidade pode ser admitido também fora do mundo sensível, na liberdade como qualidade de um ser inteligível, até que as categorias da moralidade operem a transição dos princípios práticos em geral aos da moralidade, mas só de maneira *problemática*, não podendo sem seguida ser apresentados de forma *dogmática* finalmente senão por meio da lei moral.

Não acrescento nada mais aqui para explicar a tabela, porque é suficientemente inteligível por si. Uma divisão como esta, fundamentada em princípios é muito útil a toda ciência, tanto em relação à solidez de sua construção como à sua inteligibilidade. Desse modo, sabe-se por exemplo em seguida, de acordo com essa tabela em seu primeiro número, por onde se deve começar nas considerações práticas: pelas máximas, que cada um fundamenta sobre suas inclinações, depois pelos preceitos que, para toda uma espécie de seres racionais, adquirem relativo valor quando estes seres concordam em certas inclinações e, finalmente, pela lei que vale para todos, independente de suas inclinações, etc. Dessa forma se tem uma visão de conjunto do plano completo do que se deve fazer, inclusive cada questão da filosofia prática a ser respondida e, ao mesmo tempo, a ordem que se deve seguir.

Da Típica da Faculdade de Julgar Prática Pura

Os conceitos do bem e do mal determinam primeiramente um objeto para a vontade. Mas eles próprios estão submetidos a uma regra prática da razão que, se for razão pura, determina a vontade *a priori* em relação a seu objeto. Para decidir, portanto, se uma ação, possível para nós no mundo sensível, constitui ou não um caso que se submete a essa regra, cabe ao juízo prático decidir, por meio do qual o que está dito universalmente (*in abstrato*) na regra é aplicado *in concreto* a uma ação.

Mas como *primeiramente* uma regra prática da razão pura zela pela existência do objeto em primeiro lugar na qualidade de regra prática da razão pura se refere, enquanto *prática*, à existência de um objeto e que, *em segundo lugar*, enquanto *regra prática* da razão pura, implica necessidade em relação à existência da ação, porquanto é uma lei prática e, pra ser preciso, não uma lei da natureza que se rege mediante fundamentos da determinação empíricos, mas uma lei da liberdade segundo a qual a vontade deve ser determinada independentemente de todo elemento empírico (simplesmente pela representação de uma lei em geral e por sua forma) e como em todos os casos que ocorrem para ações possíveis não podem ser senão empíricos, isto é, pertencentes à experiência e à natureza, parece, portanto, absurdo querer encontrar no mundo sensível um caso que, devendo participar sempre do mundo sensível como caso, só sob a lei da natureza permita, no entanto, que se lhe aplique uma lei da liberdade, e ao qual possa ser aplicada a ideia suprassensível do bem moral, que nele deve ser apresentado *in concreto*.

A faculdade de julgar da razão prática pura se confronta, portanto, com as mesmas dificuldades que se deparam à faculdade de julgar da razão teórica pura; esta, contudo, tinha à sua disposição um meio para fugir a essas dificuldades, a saber: que, como se tratava, em relação ao uso teórico, de intuições, às quais podiam ser aplicados conceitos puros do entendimento, tais intuições (mesmo que apenas de objetos dos sentidos) podem ser dadas *a priori* e, portanto, no que se refere à conexão da multiplicidade das mesmas, em conformidade (como *esquemas*) com os conceitos puros *a priori* do entendimento.

Por outro lado, quanto ao objeto, o bem moral é algo suprassensível, não podendo encontrar para ele, portanto, em nenhuma intuição sensível, algo que lhe corresponda, e a faculdade de julgar, sob leis da razão prática pura, parece estar, por isso, submetida a dificuldades particulares, as quais se baseiam numa lei da liberdade a ser aplicada às ações como acontecimentos que ocorrem no mundo sensível e que, como tais, fazem parte da natureza.

Mas aqui se abre, contudo, uma nova perspectiva favorável para a pura faculdade de julgar prática. O que está em questão, quando se trata de subsumir, sob uma *lei prática pura*, uma ação possível para mim no mundo sensível, não se trata da possibilidade da *ação* como uma ocorrência no mundo sensível; pois esta possibilidade é reservada ao juízo da razão em seu uso teórico segundo a lei da causalidade, que é um conceito racional puro do intelecto, para o qual o juízo dispõe de um *esquema* na intuição sensível.

A causalidade física, ou a condição sob a qual esta tem lugar, está incluída nos conceitos da natureza, cujo esquema é traçado pela imaginação transcendental. Aqui, no entanto, não se trata do esquema de um caso que ocorre segundo as leis, mas do esquema (se este termo convier aqui) de uma lei em si, porque a *determinação da vontade* (não a ação relativamente a seu resultado) só pela lei, sem outro fundamento da determinação, engloba o conceito da causalidade com condições bem distintas daquelas que constituem a conexão na natureza.

É necessário que à lei natural, como lei à qual estão submetidos os objetos da intuição sensível como tais, corresponda um esquema, isto é, um processo universal da imaginação (para expor *a priori* aos sentidos o conceito puro do entendimento determinado pela lei). Mas à lei da liberdade (como lei de uma causalidade não condicionada de forma sensível), por conseguinte, também ao conceito incondicionado do bem, não se pode supor qualquer intuição e, portanto, nenhum esquema para sua aplicação *in concreto*. Para a lei moral, portanto, não há nenhuma outra faculdade de conhecer que possa lhe servir de mediação para aplicá-la a objetos da natureza que o entendimento (não a imaginação), o qual pode submeter a uma ideia da razão, não um esquema da sensibilidade, mas uma lei enquanto lei, em vista do uso da faculdade de julgar, lei que seja tal, contudo, que posse ser apresentada in concreto em objetos dos sentidos, portanto, uma lei da natureza, mas considerada somente segundo sua forma, e essa lei podemos chamá-la, por esse motivo, *tipo* da lei moral.

A regra da faculdade de julgar sob leis da razão prática pura é a seguinte: Pergunta-te a ti mesmo se a ação que concebes, se devesse se produzir segundo uma lei da natureza da qual tu mesmo farias parte, poderias verdadeiramente reconhecê-la como possível para tua vontade.

É segundo esta regra que cada um julga, de fato, se ações são boas ou más. É por isso que se diz: Como! Se *cada um* se permitisse de enganar, quando acredita agir com vantagem própria, ou se considerasse estar autorizado para pôr fim à própria vida quando fosse dominado por um aborrecimento completo da mesma, ou se visse com total indiferença a miséria alheia, e se tu pertencesses a tal ordem de coisas, poderias realmente estar nessa situação com o assentimento de tua vontade?

Ora, cada um sabe que, se se permite secretamente enganar na prática de uma ação malévola, nem por isso permite que todo o mundo faça outro tanto; se alguém é insensível, talvez sem dar-se conta disso diante do próximo, nem todos são insensíveis diante dele; é por isso que a comparação da máxima de suas ações com a lei universal da natureza não constitui tampouco o fundamento da determinação de sua vontade. Esta lei, contudo, é um *tipo* para o juízo de nossas máximas, segundo princípios morais. Se a máxima da ação não pode resistir a um confronto com a forma de uma lei natural em geral, então ela é moralmente impossível. É assim que julga o próprio intelecto mais simples, pois a *lei da natureza* é sempre o fundamento de seus juízos mais usuais e também de seus juízos empíricos. Esse intelecto tem, portanto, sempre a seu alcance esta lei; mas, por outro lado, nos casos em que deve julgar a causalidade da liberdade, faz desta *lei da natureza* o tipo de uma lei da liberdade, porque, sem ter em mãos algo de que pudesse se servir como exemplo para os casos de experiência, não poderia proporcionar à lei de uma razão prática pura o uso na aplicação.

Desse modo, é certamente permitido usar a *natureza* do *mundo sensível como tipo* de uma *natureza inteligível*, desde que eu não transporte a esta última as intuições e o que delas depende, mas só refira à *forma da conformidade à lei* geral (cujo conceito também é possível para o uso mais puro da razão, mas não pode ser conhecido como determinado *a priori* em qualquer outra perspectiva, a não ser naquela para o uso prático puro da razão). É que as leis, como tais, são idênticas a esse respeito, tomem elas onde porventura quiserem os fundamentos de sua determinação.

Por outro lado, como de todo o inteligível não existe absolutamente nada mais (por meio da lei moral) do que a liberdade – e mesmo esta na medida somente em que é uma pressuposição inseparável dessa lei moral – e, além disso, todos os objetos inteligíveis, aos quais a razão, uma vez empenhada por essa lei, poderia talvez ainda nos conduzir, não tem para nós nenhuma realidade que não seja em ralação a essa mesma lei e ao uso da razão prática pura, e como esta razão está autorizada e compelida a usar da natureza (segundo sua pura forma para o entendimento) como tipo para a faculdade de julgar, resulta que a presente observação serve para que aquilo que pertence só à típica dos conceitos seja incluído entre os próprios conceitos.

Esta, portanto, como típica da faculdade de julgar nos preserva do *empirismo* da razão prática, o qual situa os princípios correlatos advindos do bem e do mal simplesmente nas consequências da experiência (na chamada felicidade), embora a felicidade e as consequências úteis, em número infinito, de uma vontade determinada pelo amor de si, se essa vontade se arvorasse ao mesmo tempo em si como lei universal da natureza, pode, na verdade, servir de tipo em tudo adequado ao bem moral, mas sem se confundir, contudo, com ele.

É a mesma típica que preserva também do *misticismo* da razão prática, o qual transforma em *esquema* aquilo que só servia como *símbolo*, isto é, submete à aplicação dos conceitos morais intuições efetivamente reais e, portanto, não-sensíveis (de um reino invisível de Deus), perdendo-se no transcendental. O que convém ao uso dos conceitos morais é unicamente o *racionalismo* da faculdade de julgar, porque este não toma da natureza sensível mais que aquilo que lhe é dado pensar por si mesma a razão pura, isto é, a conformidade à lei, não introduzindo na natureza suprassensível nada mais do que aquilo que por si mesmo, dada a sua vez, possa realmente ser representado por ações no mundo sensível, segundo a regra formal de uma lei da natureza em geral.

Entretanto, é bem mais importante e digno de recomendação preservar-se contra o *empirismo* da razão prática, porque o *misticismo* permanece, apesar de tudo, ainda compatível com a pureza e a sublimidade da lei moral, não sendo, além disso, precisamente natural e conforme ao modo de pensar comum distender sua imaginação até onde residem as intuições suprassensíveis; por isso o perigo não é tão generalizado nesse setor; em oposição a isso, o empirismo extirpa até a raiz a moralidade nas intenções (nas quais e não apenas nas ações reside o alto valor que a humanidade pode e deve adquirir pela moralidade), substituindo o dever por coisa bem distinta, ou seja, pelo interesse empírico, pelo qual as inclinações em geral estimulam as relações que têm entre si; e como, além disso, precisamente por estar unido com todas as inclinações que (qualquer que seja a forma que possam assumir), se elevadas à dignidade de um princípio prático supremo, degradam a humanidade, por favoráveis que sejam, embora, no modo de pensar de todos, resulte esse empirismo, por isso mesmo, mais perigoso que qualquer exaltação do espírito, a qual não pode jamais constituir um estado duradouro para grande número de pessoas.

CAPÍTULO III

DOS IMPULSIONADORES DA RAZÃO PRÁTICA PURA

O que é essencial em todo valor moral das ações consiste *em que a lei moral determine imediatamente a vontade*. Se a determinação da vontade se produz certamente *em conformidade* com a lei, mas somente por intermédio de um sentimento, de qualquer espécie que seja, que deve ser suposto a fim de que ela se torne um fundamento da determinação suficiente da vontade, por conseguinte, se ela não se produz *com a própria lei*, a ação terá certamente *legalidade*, mas não *moralidade*. Se agora se entende por motor (*elater animi*) o fundamento subjetivo da determinação da vontade de um ser cuja razão, por uma disposição natural, não se conforma necessariamente à lei objetiva, resultará aqui, antes de tudo, que não se pode atribuir à vontade divina nenhum motor, porque a mola ou o motor da vontade humana (e de todo o ser racional criado) não pode ser outro senão a lei moral e, por conseguinte, o fundamento objetivo da determinação tem que ser sempre e exclusivamente ao mesmo tempo o fundamento subjetivo suficiente da determinação da ação porque esta responde não somente à *letra* da lei sem conter o *espírito* dela[1].

Assim, como não é necessário procurar, para a lei moral, e para lhe proporcionar influência sobre a vontade, qualquer motor estranho que substituísse aquele da lei moral, porque isso tudo resultaria em pura e inconsistente hipocrisia, sendo até perigoso deixar que alguns outros

---

(1) Pode-se dizer de toda ação conforme à lei, mas que não foi feita para a própria lei, que é moralmente boa quanto à *letra* somente, mas não quanto ao *espírito* (à resolução).

motores (outros que não os do interesse) cooperem com a lei moral, não resta, portanto, outra solução que determinar cuidadosamente de que modo a lei moral se torna um motor ou, quando o é, o que ocorre com a faculdade humana de desejar, que é o fundamento da determinação dessa faculdade.

De fato, descobrir como uma lei possa ser, imediatamente e por si mesma, o fundamento da determinação da vontade (o que define o essencial de toda moralidade) é um problema insolúvel para a razão humana e idêntico ao de como seja possível uma vontade livre. É por isso que não deveremos colocar em evidência *a priori* o fundamento em que a lei moral encontra em si mesma um motor, mas o que ela produz (ou, melhor dizendo, o que necessita produzir) como efeito no espírito, enquanto ela constitui tal motor.

O caráter essencial de qualquer determinação da vontade por meio da lei moral é que a vontade seja determinada, como vontade livre, portanto, não somente sem o concurso de solicitações sensíveis, mas até mesmo a exclusão de todas as inclinações, porquanto poderiam ir contra essa lei, unicamente pela lei. Nessa medida, o efeito da lei moral como motor é só negativo e, desse ponto de vista, esse motor pode ser conhecido *a priori*. Mas toda a inclinação e todo impulso sensível têm como base um sentimento e o efeito negativo produz sobre o sentimento (pelo dano que infere às inclinações) é ele próprio da ordem do sentimento.

Podemos, por conseguinte, reconhecer *a priori* que é necessário que a lei moral, como fundamento da determinação da vontade, deve produzir um sentimento, ao prejudicar as inclinações, que pode ser denominado dor; e temos aqui o primeiro e talvez também o único caso em que podemos determinar a partir de conceitos *a priori* a relação de um conhecimento (neste caso, de uma razão prática pura) com o sentimento do prazer ou da dor. A união de todas as inclinações (que podem ser também reunidas aproximativamente num sistema e cuja satisfação se chama então a felicidade pessoal) constituem o *egoísmo* (*solipsismus – Selbstsucht*). Este é ou o *amor de si* (*Selbstliebe*) que consiste numa *benevolência* (*Wohlwollen*) excessiva para consigo mesmo (*philautía*) ou a *complacência* (*Wohlgefallen*) para consigo mesmo (*arrogantia*). Aquela se chama particularmente *amor-próprio* (*Eigenliebe*) e esta, *presunção* (*Eigendunkel*).

A razão prática pura causa simplesmente prejuízo ao amor-próprio pelo fato de apenas conceder-lhe os limites estreitamente justos e que correspondem à lei moral, estando, ainda antes da mesma se manifestar, natural e vivo em nós mesmos; por isso é chamado *amor de si racional*. Mas ela *abate completamente* a presunção, pelo fato de que todas as reivindicações da estima de si mesmo, que são vistas conferir-se a primazia no acordo com a lei moral, são nulas e ilegítimas, porquanto a certeza de uma resolução em acordo com esta lei é precisamente a primeira condição de todo valor da pessoa (como o mostraremos a seguir com mais clareza) e que toda pretensão que precede essa certeza é usurpada e contrária à lei. Ora, a tendência à estima de si mesmo faz parte das inclinações a que a lei moral causa prejuízo, uma vez que essa estima só se baseia na moralidade. A lei moral aniquila, portanto, a presunção.

Mas como essa lei é precisamente ao mesmo tempo algo de positivo em si, isto é, a forma de uma causalidade intelectual, ou seja, da liberdade, ela é ao mesmo tempo um objeto de *respeito* na medida em que, em oposição com o que a contraria subjetivamente, a saber, as inclinações em nós, ela *enfraquece* a presunção e, na medida em que ela *abate* a esta, ou seja, a humilha, ela é o objeto do maior *respeito*, por conseguinte, também o fundamento de um sentimento positivo que não é de origem empírica e que é conhecido *a priori*. O respeito para com a lei moral é, portanto, um sentimento que é o efeito de um fundamento intelectual, sendo esse sentimento o único que nos é dado conhecer inteiramente *a priori* e cuja necessidade podemos ter como evidente.

No capítulo precedente vimos que tudo aquilo que se apresenta como objeto da vontade *anteriormente* à lei moral é excluído, por essa mesma lei enquanto condição suprema da razão prática, dos fundamentos da determinação da vontade que levam o nome de bem incondicionado e ainda que a mera forma prática, consistente na aptidão das máximas em constituir uma legislação universal, determina em primeiro lugar o que é absolutamente bom em si, fundamentando a máxima de uma vontade pura que é boa em todos os sentidos.

Ora, julgamos, contudo, nossa natureza, como seres sensíveis, constituída de tal modo que a matéria da faculdade de desejar (objetos da inclinação, sejam eles da esperança ou do temor) logo se impõe, antes de qualquer outra coisa, resultando nosso eu patologicamente determinável, mesmo que seja totalmente impróprio para constituir uma legislação universal; contudo, como se constituísse todo o nosso eu, se esforça, contudo, precisamente como se formasse nosso eu por inteiro, em fazer valer suas pretensões primordiais e originais. Esta tendência de fazer de si mesmo, segundo os fundamentos subjetivos da determinação de seu arbítrio, o fundamento objetivo da determinação da vontade em geral, pode denominar-se de *amor de si*, o qual, em se tornando legislador e como princípio prático incondicionado, pode ser chamado *presunção*.

Ora, a lei moral, que só é verdadeiramente (isto é, sob todos os aspectos) objetiva, exclui totalmente a influência do amor de si sobre o princípio prático supremo, e ela causa, à presunção que prescreve como leis as condições subjetivas do amor de si, um prejuízo infinito. Mas tudo o que causa dano à nossa presunção julgamos uma humilhação. Assim, portanto, a lei moral humilha inevitavelmente todo homem quando este compara a tendência sensível de sua natureza com aquela lei. Disso resulta que aquilo cuja representação, *como fundamento da determinação da vontade*, humilha na opinião que temos de nós mesmos, suscita por si, porque é algo positivo e fundamento da determinação, o respeito. Desse modo, portanto, a lei moral é também subjetivamente um fundamento do respeito.

Ora, como tudo o que se encontra no amor de si pertence à inclinação, mas como toda inclinação repousa em sentimentos e, portanto, o que causa dano a todas as inclinações em conjunto no amor de si tem necessariamente, por isso mesmo, influência sobre o sentimento, compreendemos como é possível reconhecer *a priori* que a lei moral, ao excluir as inclinações e a tendência a fazer delas a condição prática suprema, isto é, o amor de si, de todo o acesso à legislação suprema, possa exercer um efeito no sentimento, efeito que por um lado é meramente *negativo*, sendo por outro, mais precisamente em relação ao fundamento, que põe limites, da razão prática pura, *positivo*, não podendo para isso ser admitida qualquer espécie particular de sentimento prático ou moral, na qualidade de sentimento, que precedesse a lei moral ou que lhe servisse de fundamento.

O efeito negativo sobre o sentimento (o sentimento do desagradável) é, como toda influência sobre este e como todo sentimento em geral, *patológico*. Mas como efeito da consciência da lei moral, consequentemente relativo a uma causa inteligível, a saber, o sujeito da razão prática pura, como suprema legisladora, esse sentimento de um ser racional afetado por inclinações se chama certamente humilhação (desprezo intelectual), mas com relação ao fundamento positivo dessa humilhação à lei, chama-se ao mesmo tempo respeito por essa lei; não se produz nenhum sentimento para com essa lei, a não ser no juízo da razão, quando a lei afasta do caminho a resistência, sendo então a remoção do obstáculo tida como igual a um impulso positivo da causalidade. É por isso que esse sentimento pode ser denominado também um sentimento de respeito para com a lei moral, embora, por esses dois motivos em conjunto, possa ser denominado um *sentimento moral*.

A lei moral, portanto, assim como é o fundamento formal da determinação da ação por meio da razão prática pura, assim como é também o fundamento material certamente, mas somente objetivo da determinação dos objetos da ação sob o nome de bem e de mal, assim também constitui o fundamento da determinação subjetiva, isto é, o motor dessa ação, porque tem influência sobre a sensibilidade do sujeito, produzindo como efeito um sentimento que fomenta a influência da lei sobre a vontade. Não há aqui, como *precedente* no sujeito, qualquer sentimento que estivesse de acordo com a moralidade. Com efeito, isso é impossível, porque todo sentimento é sensível; ora, é necessário que o motor da resolução moral esteja livre de toda condição sensível. Mais precisamente, o sentimento sensível, que está no fundamento de todas as nossas inclinações é certamente a condição do que sentimos quando falamos de respeito; mas a causa que determina esse sentimento reside na razão prática pura e do que sentimos é preciso por conseguinte dizer, em razão de sua origem, que isso é produzido *como efeito praticamente* e não patologicamente; com efeito, como a representação da lei moral priva o amor de si de sua influência e a presunção de seu delírio, é diminuído o obstáculo com que se depara a razão prática pura, produzindo-se no juízo da razão a representação da superioridade de sua *lei* objetiva sobre os impulsos da sensibilidade, resultando, portanto, aumentado o peso da lei de um modo relativo (em relação a uma vontade afetada pela sensibilidade), mediante a supressão do contrapeso).

Desse modo, o respeito para com a lei não constitui um motor para a moralidade, mas é a própria moralidade, considerada subjetivamente como motor, porque a razão prática pura, ao deitar por terra todas as pretensões do amor de si em oposição a ela, proporciona autoridade à lei, que só então tem influência. Ora, é preciso notar também aqui que, assim como o respeito é um efeito sobre o sentimento, portanto, também sobre a sensibilidade de um ser racional, esse respeito pressupõe essa sensibilidade e, assim, também o caráter finito desses seres a quem a lei moral impõe respeito e que esse respeito para com a lei não pode ser atribuído a um ser supremo ou também a um ser livre de toda sensibilidade, para o qual, esta não pode constituir qualquer obstáculo à razão prática.

Esse sentimento (sob o designativo de sentimento moral) é, portanto, unicamente produzido como efeito pela razão. Não serve para julgar as ações e muito menos para fundamentar a própria lei moral objetiva, mas simplesmente como motor, em vista de fazer dessa lei, em si mesma, uma máxima. Mas qual será o nome mais apropriado para este singular sentimento que não possa ser confrontado com qualquer sentimento patológico? É de uma natureza tão singular que parece estar unicamente a serviço da razão e, mais precisamente, da razão prática pura.

O respeito se refere sempre e somente às pessoas, nunca às coisas. Estas podem suscitar em nós *inclinação*; e se são animais, (por exemplo, cavalos, cães, etc.), também infundir amor ou *temor*, como o mar, um vulcão, uma fera, mas nunca *respeito*. O que mais se aproxima desse sentimento é a *admiração* e esta, como emoção, isto é, estupefação, pode também se relacionar a coisas, por exemplo, a montanhas que se elevam até o céu, à grandeza, à magnificência, à multiplicidade e ao distanciamento dos corpos celestes, à força e à velocidade de certos animais, etc. Mas tudo o que por eles experimentamos não constitui respeito.

Um homem pode ser para mim objeto de amor, de temor ou de admiração, podendo até mesmo chegar à estupefação e, contudo, não constituir objeto de meu respeito. Seu bom humor, sua bravura e sua força, o poder de sua posição e tudo o que o destaca entre os demais homens pode me inspirar sentimentos análogos, mas sempre me falta o respeito íntimo para com ele. Fontenelle[2] diz: *Diante de um grande me inclino, mas meu espírito não se inclina*. Eu acrescentaria: diante de um homem de condição inferior, do povo e comum, no qual percebo retidão de caráter levada a um grau que não constato em mim, meu espírito se inclina, quer que queira ou não, ainda que minha atitude e alteza de meu porte se impusessem, para não lhe deixar passar despercebida minha superioridade. E por que isso? É que seu exemplo me apresenta uma lei que aniquila minha presunção, quando comparo essa lei com minha

---

(2) Bernard Le Bovier de Fontenelle (1657-1757), escritor francês (NT).

conduta e uma lei de que vejo diante de mim a prova em ato que pode ser seguida, por conseguinte, aquela da *praticabilidade*.

Ora, mesmo que eu tenha consciência de possuir idêntico grau de integridade de caráter, permanece, contudo, o respeito. De fato, como tudo o que é bom no homem é sempre imperfeito, a lei, apresentada à intuição por um exemplo, abate minha presunção, porque o homem que tenho diante de mim, ainda que sua imperfeição não fosse menos visível que minha própria presunção, aparece para mim numa luz mais pura, que me serve de medida. O *respeito* é um *tributo* que não podemos negar ao mérito, quer queiramos ou não; embora, em todo o caso, possamos deixar de manifestá-lo exteriormente, não podemos, contudo, impedir de senti-lo interiormente.

O respeito está tão longe de ser um sentimento de *prazer* que só contrafeitos a ele nos atemos em relação a um homem. Tratamos de encontrar algo que possa nos aliviar dessa carga, uma fraqueza qualquer, a fim de compensar a humilhação que sofremos por meio de um exemplo. Os próprios mortos, particularmente se o exemplo que nos dão parece inimitável, não estão a salvo de semelhante crítica. Mais ainda, a própria lei moral, em sua *solene majestade*, não é poupada pelos esforços que os homens fazem para se defender do respeito para com ela. Pode-se seriamente acreditar que seja necessário atribuir a outra causa o fato de que se preferisse de bom grado rebaixar a lei moral até fazer dela objeto de nossa inclinação pessoal e que seja necessário atribuir a outras causas o fato de que todo mundo se esforce de fazer dessa lei o preceito favorito de nosso interesse pessoal do que aquela que consiste em que se preferisse realmente ficar livre desse temível respeito que nos ensina tão severamente nossa própria indignidade? Entretanto, *tão pouca dor*, apesar de tudo, existe no respeito, que se, abandonada a presunção e concedido ao respeito sua influência prática, não se poderia deixar de admirar o esplendor dessa lei, acreditando nossa alma elevar-se no mesmo grau que vê ascender sobre sua frágil natureza tão santa lei.

Certamente os grandes talentos, com uma atividade que lhes é apropriada, podem também ser fontes de respeito ou de um sentimento análogo a este, bem merecendo, por outro lado, que esse respeito lhes seja dedicado; mas, nestes casos, parece que a admiração é idêntica ao sentimento de respeito. Observando, porém, mais de perto, podemos notar que, como se permanece sempre na incerteza quando se trata de verificar, na habilidade, entre o que provém do talento inato e o que provém da cultura devida ao esforço pessoal, a razão nos apresenta essa habilidade como sendo provavelmente fruto da cultura, por conseguinte, como um produto do trabalho, o que rebaixa sensivelmente nossa presunção e tanto nos recrimina a respeito como nos impõe seguir semelhante exemplo, na medida das possibilidades que são as nossas. Não é, portanto, simplesmente admiração esse respeito que testemunhamos a tal pessoa (na realidade à lei, cujo exemplo nos manifesta); isso é confirmado também pelo fato de que o cortejo usual dos admiradores, quando acredita estar suficientemente informado do quanto de censurável exista no caráter de um homem (como *Voltaire*, por exemplo), abandona todo o respeito para com ele, enquanto o sábio continua sempre merecendo esse respeito, pelo menos no que diz respeito aos talentos desse homem, porque ele próprio está empenhado numa atividade e num oficio que lhe impõem como lei, em certa medida, de imitar seu exemplo.

O respeito pela lei moral é, portanto, o único e ao mesmo tempo o indubitável móvel moral e, mais ainda, esse sentimento não pode ser dirigido a nenhum objeto que não seja essa lei. A lei moral determina, antes de tudo, objetiva e imediatamente a vontade no juízo da razão; mas a liberdade, cuja causalidade só é determinada pela lei, consiste precisamente em que ela limita todas as inclinações e, por isso, também a estima da própria pessoa, com a condição de observar sua lei pura.

Ora, o estabelecimento desses limites produz um efeito no sentimento e leva a sentir sofrimento, o que pode ser conhecido *a priori* a partir da lei moral. Mas como ela não é, nessa medida, senão um efeito negativo que, resultando da influência de uma razão prática pura, causa dano principalmente à atividade do sujeito quando as indicações são os fundamentos da determinação do mesmo e, portanto, a opinião que tem de seu valor pessoal (que sem a concordância com a lei moral fica rebaixado ao nada), resulta que o efeito dessa lei sobre o sentimento é apenas humilhação que, embora possamos compreendê-la *a priori*, não podemos, todavia, conhecer nela a força da lei prática pura como motor, mas apenas sua resistência contra os motores da sensibilidade. Entretanto, como essa mesma lei é certamente objetiva, ou seja, segundo a representação da razão pura, um fundamento imediato da determinação da vontade que, por conseguinte, essa humilhação só se verifica relativamente à pureza da lei, resulta que o retraimento das pretensões da estima moral de si mesmo, ou seja, a humilhação, pelo lado sensível, é uma elevação da estima moral, ou então, prática da própria lei, pelo lado intelectual, numa palavra, respeito para com a lei e, portanto, também um sentimento positivo segundo sua causa intelectual que é conhecido *a priori*. De fato, tudo o que enfraquece os obstáculos para uma atividade favorece com isso essa atividade.

Ora, o reconhecimento da lei moral é a consciência de uma atividade da razão prática originada em fundamentos objetivos, atividade que, simplesmente, não exterioriza seu efeito em ação só porque o impedem causas subjetivas (patológicas). É necessário, portanto, que o respeito para com a lei moral seja também considerado como efeito positivo, mas indireto, dessa lei sobre o sentimento enquanto ela debilita a influência rebelde das inclinações pela humilhação da presunção e, por conseguinte, deve ser considerado como fundamento subjetivo da atividade, isto é, como o *motor* que nos impele a observar essa lei e como fundamento para máximas de um modo de vida a ela conforme. Do conceito que formamos de um motor surge o de um *interesse*, que nunca é atribuído a um ser destituído de razão, significando um *motor* da vontade enquanto é *representado pela razão*.

Da mesma forma que a própria lei deve ser, numa vontade moralmente boa, o motor, assim também o *interesse moral* é interesse só da razão prática, puro e independente dos sentidos. Sobre o conceito de um interesse também baseia aquele de uma *máxima*. Mas esta só é moralmente verdadeira quando repousa no único interesse que se tem pela observância da lei. Mas só aos seres finitos podem ser aplicados os três conceitos mencionados: o de *motor*, o de *interesse* e o de *máxima*. Com efeito, todos eles supõem uma limitação da natureza de um ser no qual a constituição subjetiva de seu arbítrio não concorda por si mesma com a lei objetiva de uma razão prática; supõe, também uma necessidade de ser impulsionado de qualquer forma à atividade, porque um obstáculo interior se opõe a essa atividade. Não podem, portanto, ser aplicados à vontade divina.

Há algo de tão singular na estima ilimitada para com a lei moral pura , despojada de toda vantagem como a presente, para que a sigamos, a razão prática cuja voz faz tremer até o mais audacioso malfeitor, obrigando-o a esquivar-se de surgir diante dela, que não há por que admirar-se pelo fato não encontrar-se fundamento na razão especulativa par essa influência de uma ideia puramente intelectual sobre o sentimento, nem que deva contentar-se de chegar contudo a penetrar *a priori* pelo menos isto: esse sentimento está inseparavelmente ligado com a representação da lei moral em todo o ser racional finito. Se este sentimento do respeito fosse patológico e, portanto, um sentimento de prazer fundamentado no *sentido interior*, seria inútil tratar de descobrir uma ligação entre esse respeito e qualquer ideia *a priori*. Na realidade, porém, é um sentimento que só se dirige ao que é prático e está ligado à representação da lei somente por sua forma e não por causa de algum objeto algum dessa lei, de um sentimento que, por conseguinte, não é nem da ordem do prazer nem da ordem do sofrimento e que, no entanto, produz um *interesse* pelo cumprimento dessa lei, interesse que chamamos de *interesse moral*; assim também a capacidade de tomar tal interesse na lei (ou o respeito para com a própria lei moral) é propriamente o *sentimento moral*.

A consciência de uma *livre* submissão da vontade à lei, enquanto acompanhada, contudo, de uma coerção inevitável imposta às inclinações, mas somente por nossa própria razão, é assim o respeito pela lei. Como acabamos de constatar, a lei que exige esse respeito não é outra senão a lei moral, que também o inspira (porque nenhuma outra lei exclui as inclinações, em razão da influência imediata que estas exercem sobre a vontade).

A ação que por sua vez, segundo esta lei, exclui a participação dos fundamentos da determinação derivados da inclinação é objetivamente prática, que se denomina *dever*, o qual, em razão dessa exclusão, compreende em seu próprio conceito uma compulsão prática, isto é, uma determinação que produz ações, por mais *repugnância* que se tenha em realizá-las. O sentimento que resulta da consciência dessa *coerção* prática não é patológico, como seria um sentimento produzido por um objeto dos sentidos, mas unicamente prático, isto é, possível mediante uma determinação anterior (objetiva) da vontade e pela causalidade da razão. Não encerra este sentimento, portanto, como *submissão* a uma lei, isto é, como mandamento (que significa coação para um sujeito afetado de forma sensível), prazer algum; antes, contém sofrimento ligado à ação. Mas em contrapartida, como essa coação só é exercitada pela legislação de *nossa própria razão*, esse sentimento encerra também *elevação* e o efeito subjetivo no sentimento, enquanto sua causa única é a razão prática pura, podendo chamar-se, portanto, aprovação de si mesmo, em razão desta última, desde que se conhece alguém como determinado a ele sem qualquer interesse, mas unicamente por causa da lei; e, em virtude disso, adquirimos imediatamente a consciência de um interesse diverso, produzido subjetivamente por isso mesmo, interesse que é inteiramente prático e *livre*, interesse que, segundo nos aconselha uma inclinação, não deveríamos tomar para uma ação que se coadune ao dever e que, por outro lado, a razão, mediante a lei prática, não só nos impõe como ordem para tomarmos interesse em tal ação, como também produz por si mesma esse interesse, designando-o por isso com um nome todo peculiar, isto é, o de respeito.

O conceito do dever exige, portanto, *objetivamente* da ação a concordância com a lei, mas da máxima da ação exige *subjetivamente* o respeito para com a lei como o único modo de determinação da vontade pela lei. Nisso repousa a diferença entre a consciência de ter agido *em conformidade com o dever* e aquela de ter agido *por dever*, isto é, por respeito para com a lei, sendo o primeiro caso (a *legalidade*) possível, mesmo quando só as inclinações tivessem sido os fundamentos da determinação da vontade; mas no segundo (a *moralidade*), o valor moral dever ser posto exclusivamente no fato de a ação ocorrer por dever, isto é, somente porque a lei o exige[3].

Nos juízos morais é de importância capital prestar atenção com um rigor extremo ao princípio subjetivo de todas as máximas, a fim de que toda a moralidade das ações seja colocada na necessidade de realizá-las *por dever* e por respeito à lei, não por amor e por inclinação para o que as ações devem produzir. Para os homens e para todos os seres racionais criados, a necessidade moral é compulsão, ou seja, obrigação, devendo toda a ação fundamentada por ela apresentar-se como dever, e não como um modo de proceder que nos é ou que possa ser agradável no futuro, isto é, como se pudéssemos chegar um dia, sem respeito pela lei, respeito que está ligado ao temor ou pelo menos à apreensão que haveria ao transgredi-la, a sermos capazes, como a divindade, sublime acima de toda dependência, entrar por nós mesmos, de algum modo por um acordo, tornado para nós natureza e não podendo jamais ser alterado, da vontade com a lei moral pura (a qual, portanto, uma vez que nunca poderíamos ceder à tentação de ser-lhe infiéis, cessaria finalmente de representar para nós um mandamento), na posse de uma *santidade* da vontade.

A lei moral é, com efeito, para com a vontade de um ser todo perfeito, uma lei da *santidade*, mas para a vontade de todo ser racional

---

(3) Se cuidadosamente for examinado o conceito do respeito para com as pessoas, tal como foi exposto precedentemente, se haverá de perceber que esse respeito repousa sempre na consciência de um dever que um exemplo nos apresenta e que, portanto, o respeito não pode jamais ter outro fundamento senão moral e que é muito bom, mesmo muito útil, do ponto de vista psicológico, para o conhecimento dos homens, prestar atenção todas as vezes que empregamos esta expressão com relação ao íntimo e digno de admiração que, no entanto, se manifesta tão frequentemente, testemunhado pelo homem, em seus juízos com relação à lei moral.

finito é uma lei do *dever*, da coação moral e da determinação de suas ações pelo *respeito* para com a lei e pela veneração para com seu dever. Não pode ser admitido como motor qualquer outro princípio subjetivo, porque, de outra forma, certamente, a ação pode ocorrer, tal como a lei prescreve, mas como ela é certamente conforme ao dever, mas não feita por dever, a resolução em vista dessa ação, que é aqui o que essencialmente importa nessa legislação, não é moral.

Edificante é praticar o bem para com os homens, por amor deles e por benevolência simpática ou ser justo por amor à ordem, mas esta, todavia, não é a genuína máxima da moral de nossa conduta, adequada à nossa situação *como homens* entre seres racionais, se não tivermos a pretensão, como se fôssemos soldados voluntários, de elevar-nos acima do sentido do dever com a mais orgulhosa das ilusões e pretender, como se fôssemos independentes do mandamento, fazer por prazer pessoal aquilo para o qual nenhum mandamento seria necessário. Somos subordinados a uma *disciplina* da razão e em todas as nossas máximas da subordinação sob a mesma devemos não esquecer que não podemos subtrair-lhe nada, nem diminuir em nada algo da autoridade da lei (ainda que esta seja propiciada por nossa própria razão), por um delírio de amor-próprio, colocando o fundamento da determinação de nossa vontade, embora conforme à lei, contudo em lugar diverso da mesma lei e no respeito para com esta lei. Dever e cumprimento de nossas obrigações são os únicos termos pelos quais devemos designar nossa relação com a lei. Na verdade, somos membros legisladores de um reino moral possível pela liberdade, proposto pela razão prática em relação a nós que o respeitamos, mas somos nele ao mesmo tempo súditos e não o soberano e o desconhecimento de nossa posição subalterna como criaturas, como a rebelião da presunção contra a autoridade da lei santa representam uma traição da lei em espírito, mesmo que dela seguíssemos a letra.

Com isso, porém, concorda perfeitamente a possibilidade de um mandamento como este: *Ama a Deus sobre todas as coisas e teu próximo como a ti mesmo*[4]. De fato, exige como mandamento o respeito a uma lei que *ordena o amor* e não remte a nosso bel-prazer para fazer dele

---

[4] O princípio da felicidade pessoal, que alguns querem torná-la a proposição fundamental suprema da moralidade, forma um contraste marcante com essa lei. Esse princípio se enunciaria assim: *Ama-te a ti mesmo sobre todas as coisas, depois a Deus e a teu próximo por amor de ti mesmo.*

nosso princípio. Mas o amor de Deus é impossível como inclinação (amor patológico), porque não é um objeto dos sentidos. Um amor desse tipo é certamente possível para com os homens, mas não pode ser ordenado, pois não está no poder de qualquer homem amar a alguém simplesmente por ordem. Assim, portanto, só o *amor prático* está compreendido nesse núcleo de todas as leis. Amar a Deus, nessa significação, quer dizer: cumprir *com satisfação* seus mandamentos; amar o próximo significa cumprir *com satisfação* todos os deveres para com ele. Mas o mandamento que faz disso uma regra não pode tampouco ordenar *ter* essa resolução em ações conformes ao dever, mas somente nos esforçar para atingi-lo. De fato, um mandamento estipulando que se deve fazer alguma coisa de boa vontade é em si contraditório, porque se já sabemos por nós mesmos o que devemos fazer e se, ainda, tivéssemos consciência de que o faríamos com satisfação, seria um mandamento sobre ele inteiramente desnecessário; se na verdade o fizéssemos, mas não precisamente com satisfação, mas apenas por respeito para com a lei, então um mandamento que torna esse respeito precisamente o motor da máxima, agiria exatamente em sentido contrário à disposição de ânimo ordenada. Essa lei de todas as leis apresenta, pois, como todo o preceito moral do Evangelho, a disposição moral de ânimo em toda a sua perfeição, assim como, enquanto um ideal de santidade e inexequível para toda criatura, é também, apesar de tudo, o protótipo para o qual devemos propender a igualá-lo em progresso ininterrupto, mas infinito. Se alguma vez um ser racional pudesse chegar a cumprir com plena satisfação todas as leis morais, isso significaria tanto como não encontrar-se nele nem mesmo a posição de um desejo que o incitasse a separar-se delas, porque superar semelhante desejo importa sempre em sacrifício para o sujeito; necessita, portanto, de coração sobre si mesmo, isto é, constrangimento íntimo no que não se opera inteiramente a seu gosto. Mas uma criatura nunca pode chegar a esse grau de disposição moral de ânimo. Como, com efeito, ela é uma criatura e, por conseguinte, é sempre dependente em relação ao que exige para completa satisfação com seu estado, nunca pode estar inteiramente livre de desejos e inclinações, os quais, baseando-se em causas físicas, não concordam por si mesmos com a lei moral, que tem uma fonte inteiramente diversa, tornando por isso sempre necessário que, tendo em conta essas inclinações, venha fundir-se a intenção de suas máximas na coação moral, não em elevação espontânea, mas no respeito que a observância da lei requer, embora este cumprimento não seja levado a efeito de boa vontade, fazendo-se deste último, isto é, do simples amor à lei (que cessaria então de ser *mandamento*, deixando também a moralidade, que se transformaria então subjetivamente em santidade, cessaria de ser virtude) o objetivo constante, embora inacessível, de seus esforços. Com efeito, é que naquilo que muito prezamos realmente, mas que, contudo (por causa da consciência de nossas fraquezas), tememos, vemos o temor respeitoso transformar-se em inclinação, por causa da maior facilidade em satisfazê-lo, substituindo-se ainda o respeito pelo amor; isso seria, pelo menos, a perfeição de uma resolução em favor da lei, se alguma vez fosse possível a uma criatura de atingi-la.

Esta consideração não é tanto destinada aqui a reduzir o mandamento evangélico mencionado a conceitos claros, a fim de combater a *exaltação religiosa* relativa ao amor a Deus, como para determinar com exatidão a intenção moral também imediatamente no que se refere a nossos deveres para com os homens ou, se for possível, prevenir uma exaltação *puramente* moral que contamina muitos espíritos. O grau moral em que o homem se encontra (e assim, segundo o que nos é dado sabe, toda criatura racional) é o respeito para com a lei moral. A resolução que lhe cabe de cumprir essa lei é de cumpri-la por dever, não por inclinação espontânea, nem mesmo eventualmente por um esforço não ordenado e voluntário assumido por livre opção e sua condição moral, aquela na qual pode cada vez estar, é a *virtude*, isto é, a resolução moral na *luta* e não a *santidade* na *posse* pressuposta de uma perfeita pureza das resoluções da vontade.

É simples e pura exaltação moral e crescimento da presunção a que se dispõem os ânimos quando incitados a ações apresentadas como nobres, sublimes e generosas, colocando-se os mesmos na ilusão equívoca de que não é o dever, isto é, o respeito para com a lei, cujo jugo (embora suave, porque é a própria razão que o impõe), ainda que a contragosto, *deveriam* suportar, o que constitui o fundamento da determinação de suas ações e que não cessa de humilhá-los também porque a seguem (a *obedecem*), como se dela e da presunção se devessem esperar essas ações e, por conseguinte, não como um dever, mas como puro merecimento.

De fato, não contentes pela imitação de tais atos, isto é, além de não terem, partindo de semelhante princípio, cumprido o espírito da lei nem mesmo no mínimo, o qual consiste na submissão da resolução à lei e não na legalidade da ação (seja qual for o princípio), não só fundamentam o motor *patologicamente* (na simpatia ou também na vanglória), não moralmente (na lei), introduzem igualmente um modo de pensar leviano, superficial e fantástico, por meio do qual se compenetram da bondade voluntária de seu espírito, que não necessita de açoite e de freio, nem mesmo de mandamento, esquecendo o cumprimento de suas obrigações, no qual deveriam pensar antes de fazê-lo com relação ao mérito. Pode-se perfeitamente elogiar ações alheias, realizadas com grande sacrifício, e certamente só pelo dever, dando-lhes a denominação de *nobres* e *sublimes*, embora apenas, não obstante isso, enquanto houver indícios que deixam supor que tenham ocorrido em tudo por respeito a seu dever e não por um impulso do coração. Mas se quisermos propô-las a alguém como exemplo a seguir, devemos usar imperativamente como motor o respeito ao dever (como único sentimento moral verdadeiro), esse preceito severo e sagrado, que não permite a nosso vão amor-próprio de se aprazer com impulsos patológicos (mesmo que sejam análogos à moralidade) e tirar proveito de um valor baseado no *mérito*. Se investigarmos bem, encontraremos certamente para todas as ações que são dignas de louvor uma lei do dever que *ordena* e não deixa depender de nosso capricho o que pudesse satisfazer nossa inclinação. É esse o único modo de apresentar as coisas que possa formar a alma moralmente, porque só ele é capaz de produzir proposições fundamentais firmes e exatamente determinadas.

Se a *exaltação do espírito*, no sentido mais amplo do termo, constitui um passo articulado, segundo as proposições fundamentais, para além dos limites da razão humana, a *exaltação moral* é então uma transposição dos limites que a razão pura prática fixou para a humanidade, proibindo colocar o fundamento subjetivo da determinação de ações conformes ao dever, isto é, o motor moral das mesmas em qualquer parte que não seja na própria lei e na disposição de ânimo que assim é conduzida à máxima, em alguma outra parte que não seja no respeito moral para com essa lei, ordenando, por conseguinte, fazer do pensamento do dever, que destroi toda *arrogância* bem como toda vã *philautía*, o *princípio de vida* supremo de toda moralidade no homem.

Se assim for, não são apenas romancistas ou educadores sentimentais (embora combatam a sensibilidade afetada com relativo zelo), mas por vezes até filósofos, inclusive os mais severos deles, os estoicos, que introduziram a *exaltação moral* em lugar de uma sóbria mas sábia disciplina dos costumes, mesmo quando a exaltação dos últimos fosse mais heroica e a dos primeiros de condição mais insípida, embora mais terna; pode-se também repetir sem hipocrisia, com a máxima verdade, diante de toda a doutrina moral do Evangelho, que este é o primeiro que, pela pureza do princípio moral, mas ao mesmo tempo pela acomodação do mesmo com as limitações dos seres finitos, submeteu toda a boa conduta do homem à disciplina de um dever posto diante de seus olhos, não os deixando extraviar-se em imaginárias perfeições morais, impondo limites de humildade (isto é, do conhecimento de si) à presunção bem como ao amor-próprio, que ambos de bom grado desconhecem seus limites.

Dever! Ó nome sublime e grande, tu que não encerras nada de agradável, nada que implique que alguém se deixe persuadir pela lisonja, mas que exiges submissão, sem contudo ameaçar com algo que desperte natural aversão no ânimo, atemorizando-o para mover a vontade, tu que não ameaças quem pudesse suscitar no espírito uma aversão natural, mas que pões simplesmente uma lei que por si mesma encontra acesso ao espírito e que, não obstante, conquista, ainda mesmo contra nossa vontade, a veneração (senão sempre a obediência), uma lei diante da qual se calam todas as inclinações, mesmo quando agem secretamente contra ela; qual é a origem digna de ti? Onde se encontra a razão de tua nobre ascendência, que repele orgulhosamente todo o parentesco com as inclinações, essa raiz da qual é condição necessária que procede aquele valor que só os homens podem dar a si mesmos?

Não pode ser nada menos do que o que eleva o homem acima de si mesmo (como uma parte do mundo sensível), o que o liga a uma ordem de coisas que só intelecto pode pensar e que ao mesmo tempo submete o mundo sensível e com ele a existência empiricamente determinável do homem no tempo e em todos os fins (conformando-se unicamente a leis práticas incondicionadas, tal como a lei moral). Não é nada mais que a *personalidade*, isto é, a liberdade e a independência do mecanismo de toda a natureza, considerada essa liberdade, apesar de tudo, ao mesmo tempo como um poder de um ser que está submetido a leis que lhe são próprias, isto é, leis práticas puras que lhe são dadas por sua própria razão; por conseguinte, a pessoa, como pertencente ao mundo sensível, está sujeita a sua própria personalidade, ao mesmo tempo que pertence ao mundo inteligível; não é, portanto, de admirar que o homem, como pertencente a ambos os mundos, tenha que considerar seu próprio ser em relação com seu segundo e mais elevado destino, de outra forma do que com veneração, devendo também considerar com o máximo respeito as leis desse destino.

Nessa origem é que se fundamentam certas expressões que indicam o valor dos objetos segundo ideias morais. A lei moral é *santa* (inviolável). O homem está sem dúvida muito distante da santidade, mas é preciso que a *humanidade* em sua pessoa seja santa para ele. Tudo o que existe na criação e sobre a parte que se tenha suficiente poder, pode também ser empregado *simplesmente como meio*; unicamente o homem, e com ele toda criatura racional, é *fim em si mesmo*. É ele, efetivamente, graças à autonomia de sua liberdade, o sujeito da lei moral, que é santa. Precisamente em razão dessa liberdade é que toda vontade, como também a vontade própria de cada um, dirigida sobre a mesma pessoa, está limitada pela condição do acordo com a *autonomia* do ser racional, a saber, não submeter o mesmo a qualquer intenção que não seja possível, segundo uma lei que possa originar-se na vontade do próprio sujeito que sofre e, portanto, não empregá-lo jamais simplesmente como meio, mas ao mesmo tempo também como fim. Atribuímos esta condição até à vontade divina em relação aos seres racionais no mundo, enquanto se trata de criaturas suas, porque ela apresenta como fundamento a *personalidade* desses seres, pela qual unicamente eles são fins em si.

Esta ideia da personalidade que desperta em nós o respeito e que nos põe diante dos olhos a sublimidade de nossa natureza (do ponto de vista de seu destino), deixando-nos perceber ao mesmo tempo a insuficiente conformidade de nossa conduta para com ela e por isso destruindo a presunção, é uma ideia fácil de perceber até para a mais simples razão humana. Todo homem, ainda que só medianamente sincero, não poderia, pelo fato de alguma vez abster-se de mentir, mentira por fim inofensiva, mas por meio da qual poderia esquivar-se de um assunto desagradável e com isso auxiliar um amigo caro e cheio de méritos, unicamente para não ser obrigado, secretamente, a se desprezar a seus próprios olhos? Para um homem de bem que se encontre na mais atribulada situação de sua vida, situação que sempre poderia ter evitado se não se preocupasse com o dever, não será porventura um conforto a consciência de ter permanecido em sua dignidade de homem justo, honrando desse modo em sua pessoa a humanidade, além de não encontrar motivo algum capaz de envergonhá-lo perante si mesmo, como ainda de não ter ocasião de experimentar o mínimo temor diante do olhar perscrutador da própria consciência? Este consolo não é, contudo, felicidade nem sequer parte mínima da mesma. De fato, ninguém desejará ter ocasião para isso, preferindo até não prolongar a vida em semelhantes circunstâncias. Contudo, vive e não poderá tolerar a ideia de ser a seus próprios olhos indigno da vida. Esse alívio interior é, no entanto, apenas negativo em relação com tudo o que pode tornar agradável a vida; evita, mediante isso, o perigo de declinar em valor pessoal desde que renunciou ao dever de seu próprio estado. Essa paz tem como efeito um respeito para com algo totalmente diverso da vida, sendo que esta, comparada e oposta a esse algo, em que pese seu deleite, não tem nenhum valor. Mas esse homem continua vivendo ainda que seja só por dever, não porque encontre nisso qualquer prazer.

É assim que se constituiu o verdadeiro motor da razão prática pura; não é este nenhum outro que não seja a lei moral pura em si mesma, enquanto nos deixa pressentir a sublimidade de nossa existência suprassensível, produzindo subjetivamente nos seres, por sua vez conscientes de sua existência sensível e de sua dependência da própria natureza patologicamente afetada, o respeito por seu destino mais elevado. Ora, tantos são os atrativos e os afazeres da vida que podem ser associados a esse motor que, embora apenas fosse pela prudência da escolha, um epicurista que meditasse sobre o maior bem da vida, optaria pela boa conduta moral, julgando talvez digno de ligar a essa perspectiva de um feliz desfrute da vida aquela causa motora suprema, já por si mesma suficientemente determinante; mas isso apenas para manter o equilíbrio com os atraentes elogios que não deixam de fazer o vício brilhar no lado oposto do dever, não colocando ali a força propriamente motora, quando se trata do dever. Isso importaria em querer poluir a resolução moral em sua fonte. A majestade do dever nada tem a ver com o desfrute da vida; ela tem sua lei própria e também seu próprio tribunal e, por muito que se pretendesse sacudi-las juntas para misturá-las e dá-las, por assim dizer, como um medicamento à alma enferma, logo se separam por si mesmas; mesmo que a vida física adquirisse com isso alguma força, a vida moral se consumiria irremediavelmente.

Elucidação Crítica da Analítica da Razão Prática Pura

Entendo por elucidação crítica de uma ciência ou de uma parte da mesma que constitua um sistema por si, o exame e a legitimação do fato que tenha necessidade de ter precisamente essa forma sistemática e não outra, quando for comparada com outro sistema que tenha por fundamento um poder de conhecer semelhante. Ora, a razão prática e a razão especulativa têm como fundamento um só e único poder de conhecer, enquanto são ambas razão pura. Será necessário, portanto, determinar a diferença entre a forma sistemática de uma e aquela da outra pela comparação das duas e fornecer a razão dessa diferença.

A analítica da razão teórica pura tratava do conhecimento dos objetos que podem ser dados ao entendimento e era necessário, portanto, que partisse da *intuição*, por conseguinte (uma vez que esta é sempre sensível), da sensibilidade, mas avançando dali primeiramente aos conceitos (dos objetos dessa intuição) para, após essa dupla preparação, pudesse terminar com *proposições fundamentais*. Por outro lado, como a razão prática não se ocupa de objetos para *conhecê-los*, mas de seu próprio poder de *tornar efetivamente reais* esses objetos (segundo o conhecimento dos mesmos), isto é, trata de uma vontade que é uma causalidade, ao mesmo tempo que a razão contém o fundamento da determinação dessa causalidade; e embora, como consequência disso, não tenha que fornecer qualquer objeto à intuição, mas apenas (porque o conceito da causalidade contém sempre a referência a uma lei que determina a relação de múltiplos elementos entre si) como razão prática, *somente uma lei* dessa intuição, resulta que uma crítica analítica da razão, enquanto esta deve ser uma razão prática, (tal crítica é a tarefa propriamente dita), deve começar pela *possibilidade* de proposições fundamentais *práticas a priori*. Unicamente dali ela podia passar aos *conceitos* dos objetos de uma razão prática, isto é, aos conceitos do bem e do mal em geral, para, somente então, apresentá-los em conformidade com essas proposições fundamentais (porque não é possível fornecer esses conceitos do bem e do mal antes daqueles princípios por qualquer poder de conhecer que seja) e só depois disso poderia concluir essa parte o capítulo em que se trata da relação que a razão prática pura estabeleceu com a sensibilidade e da influência que aquela deve necessariamente exercer sobre esta, influência que devemos conhecer *a priori* como sendo do *sentimento moral*.

Assim, pois, a analítica da razão pura prática dividiu de uma forma inteiramente análoga à teórica a esfera total de todas as condições de seu uso, mas seguindo a ordem inversa. A analítica da razão pura teórica havia sido dividida em estética transcendental e em lógica transcendental; aquela da razão prática foi dividida de modo diverso, em lógica e estética da razão prática pura (se me é permitido usar aqui, simplesmente por necessidade da analogia, essas denominações inadequadas que não são realmente apropriadas); a lógica, por sua vez, foi dividida ali, em analítica dos conceitos e em analítica das proposições fundamentais e, aqui, em analítica das proposições fundamentais e em analítica dos conceitos. A estética possuía ainda ali duas partes, por causa das duas formas de uma intuição sensível; aqui a sensibilidade não é considerada como capacidade de intuição, mas só como sentimento (que pode ser um fundamento subjetivo do desejo) e com relação a isso a razão prática pura não permite qualquer outra divisão suplementar.

Por isso esta divisão em duas partes, com sua subdivisão, não foi efetivamente empreendida aqui (como se poderia facilmente ser levado, no começo, a querer tentar a partir do exemplo da primeira), tem um fundamento que se compreenderá perfeitamente bem. Com efeito, sendo a *razão pura* considerada aqui em seu uso prático, por conseguinte, partindo de proposições fundamentais *a priori* e não de fundamentos da determinação empíricos, será necessário que a divisão da analítica da razão prática pura se apresente, por semelhança com um silogismo, como procedendo do universal na *maior* (no princípio moral) por meio de uma subsunção, sob essa maior, de ações possíveis (como boas ou más), subsunção efetuada na *menor*, à *conclusão*, ou seja, à determinação subjetiva da vontade (a um interesse pelo bem possível praticamente e para a máxima nele baseada). A quem se tenha convencido das proposições que se apresentam na analítica, semelhantes comparações darão satisfação, porque permitem realmente esperar que um dia se chegue até a penetração da unidade do poder da razão pura integral (do poder teórico bem como prático) e que possamos, em tudo, fazê-lo derivar de um só princípio, que é a irresistível necessidade da razão humana que só encontra plena satisfação numa unidade sistemática completa de seus conhecimentos.

Mas se considerarmos também o conteúdo do conhecimento que podemos ter da razão prática pura e, por meio dela, tal como é exposta pela analítica desta, encontraremos ao lado de uma analogia notável entre ela e a razão teórica não menos notáveis diferenças. No tocante à teórica, o poder de um *conhecimento racional puro* podia, por exemplos colhidos das ciências (nas quais não há que temer uma introdução subreptícia de fundamentos empíricos no conhecimento, tão facilmente como no conhecimento comum, uma vez que as ciências põem à prova seus princípios de maneiras diversas por meio de um uso metódico), ser provado *a priori* facilmente e com evidência. Mas que a razão pura, sem a introdução de qualquer fundamento empírico da determinação, seja por si só também prática, seria necessário poder estabelecê-lo a partir do *uso prático mais comum da razão*, atestando a proposição fundamental prática suprema como uma proposição fundamental que toda razão humana natural reconhecesse, como plenamente *a priori* e não dependente de nenhum dado sensível, como lei suprema de sua vontade. Foi necessário prová-lo e justificá-lo primeiramente quanto à pureza de sua origem, embora no *juízo dessa razão comum*, antes que a ciência pudesse tomá-lo em suas mão para dele fazer uso como um fato que anteceda, por assim dizer, toda a sutileza sobre sua possibilidade e a todas as consequências suscetíveis de ser dali tiradas. Mas essa circunstância é perfeitamente explicável pelo que se disse há pouco, porque a razão pura prática tem que começar necessariamente pelas proposições fundamentais que devem, portanto, ser colocadas como base de toda ciência, como primeiros dados, não podendo originar-se somente dela. Esta justificativa dos princípios morais, porém, enquanto proposições fundamentais de uma razão pura, por meio de um apoio ao juízo comum do entendimento humano, poderia ser concluída perfeitamente bem e com suficiente segurança, porque tudo o que é empírico e que, como fundamento da determinação da vontade, pudesse ser introduzido em nossas máximas, se dá logo a *reconhecer* por meio do sentimento do prazer ou da dor que necessariamente a ele se une, enquanto excita desejos, *recusando-se* contudo a razão prática pura a admitir precisamente esse sentimento com condição em seu princípio.

A heterogeneidade dos fundamentos da determinação (empíricos e racionais) dá-lhe a conhecer essa resistência de uma razão praticamente legisladora contra toda a inclinação que se imiscua, por meio de um modo de sensação peculiar a isso, a qual, todavia, não precede à legislação da razão prática, mas é efetuada de melhor forma só por esta mesma e na verdade como uma coação que é o sentimento de um respeito que nem um homem tem para com as inclinações, sejam de que tipo forem, mas para com a lei; essa diferença se manifesta de um modo tão claro e evidente que não há nenhum intelecto, ainda que seja o mais comum, que não compreenda de imediato, proposto um exemplo, de que, por meio de fundamentos empíricos do querer, podemos certamente aconselhar-lhe a que siga seus atrativos, mas nunca se pode exigir dele que *obedeça* a outra coisa que não seja a lei prática pura da razão.

Ora, a distinção entre a *doutrina da felicidade* e da *doutrina da moralidade*, na primeira das quais os princípios empíricos constituem todo o fundamento, enquanto na segunda nem a menor intervenção dos mesmos se registra, é na analítica da razão prática pura, a primeira e mais importante tarefa cabendo a esta última, tarefa na qual lhe é necessário proceder também *exatamente* e, se assim se pode dizer, tão *meticulosamente* como o geômetra em relação a seus cálculos. Mas o filósofo, que aqui deve afrontar (como sempre no conhecimento racional por simples conceitos, sem construção destes) maior dificuldade, porque não dispõe de nenhuma intuição (para um puro númeno) como fundamento, tem, contudo, também a possibilidade de poder, quase tanto como o químico, estabelecer um experimento com a razão prática de cada homem para distinguir o fundamento moral (puro) do empírico da determinação, podendo acrescentar à vontade empiricamente afetada (por exemplo, daquele que quisesse de bom grado mentir porque com isso pode ganhar alguma coisa) a lei moral (como fundamento da determinação). É como que se o químico acrescentasse um álcali a uma solução de cal em ácido clorídrico; este se separa logo da cal para se unir ao álcali, e a cal se precipita no fundo. Da mesma forma, apresentem a alguém que acima de tudo é um homem honesto (ou que, pelo menos por um momento, se coloca mentalmente no lugar de um homem honesto) a lei moral, por meio da qual reconhece a indignidade de um mentiroso – logo sua razão prática (no juízo que ela faz sobre o que deveria ser feito por ele) se separa da vantagem para unir-se com aquilo que preserva o respeito para com sua própria pessoa (com a veracidade); então observarão que a vantagem, apenas separa de tudo o que possa constituir uma espécie de lastro para a razão (a qual se encontra apenas do lado do dever) será agora apreciada no justo valor exigido para colocá-la em relação com a razão em casos diversos deste, exceto onde poderia resultar inconciliável com a lei moral, lei que a razão na abandona nunca, mas à qual está intimamente unida.

Mas essa *distinção* entre o princípio da felicidade e aquele da moralidade não é por isso imediatamente uma oposição entre os dois e a razão prática pura não diz que se deve *renunciar* a toda pretensão à felicidade, mas somente que não se deve levá-lo *em consideração*, desde que se trata de um dever. Pode até resultar em dever, sob certos aspectos, cuidar da própria felicidade; por um lado, porque a felicidade (que requer habilidade, saúde, riqueza) fornece meios para o comprimento do dever e, por outro lado, porque a privação da felicidade (por exemplo, a pobreza) encerra tentações de transgredir o dever. Fomentar apenas a felicidade não consiste nunca um dever imediato e, muito menos, um princípio de todo dever. Ora, como todos os fundamentos da determinação da vontade, com exceção da única lei prática pura da razão (a moral) são em conjunto empíricos, pertencendo, como tais, ao princípio da felicidade; devem, portanto, todos eles, ser separados da proposição fundamental moral suprema e nunca ser incorporados a ela como condição, porque seria destruir todo valor moral, da mesma forma que a mescla de elementos empíricos com princípios geométricos destruiria toda evidência matemática, o que (segundo Platão) a matemática tem de mais perfeito e que tem até mesmo prioridade sobre toda utilidade desta.

Em lugar da dedução do princípio supremo da razão prática pura, isto é, da explicação da possibilidade de um conhecimento *a priori* desse gênero, se poderia aduzir nada mais que isso, ou seja, que, se se considerasse a possibilidade da liberdade de uma causa eficiente, também se poderia assegurar não só essa possibilidade, mas ainda a necessidade da lei moral como lei prática suprema para seres racionais, aos quais se atribui a liberdade na causalidade de sua vontade; é que esses dois conceitos são tão inseparavelmente ligados que se poderia também definir a liberdade prática pela independência da vontade com relação a toda lei, excetuada a lei moral. Mas a liberdade de uma causa eficiente, especialmente no mundo sensível, não pode ser compreendida de modo algum segundo sua possibilidade; felizes seríamos se pudéssemos estar suficientemente seguros de que não pode existir prova alguma de sua impossibilidade e agora, por meio da lei moral, que postula essa liberdade, obrigados e, precisamente também por isso, autorizados a aceitá-la. Ainda existe, porém, muita gente que acredita poder explicar sempre esta liberdade segundo princípios empíricos, como qualquer outro poder natural, considerando-a propriedade psicológica cuja explicação dependesse somente de um exame mais atento da *natureza da alma* e do motor da vontade, não como predicado *transcendental* da causalidade de um ser que pertence ao mundo sensível (o que é, contudo, a única coisa que efetivamente importa aqui), e suprimir assim a magnífica perspectiva que abre diante de nós a razão prática pura por meio da lei moral, isto é, a perspectiva de um mundo inteligível pela realização do conceito, de outro modo transcendente, da liberdade e suprimir de uma só vez a própria lei moral que não admite nenhum fundamento da determinação empírico; seria, portanto, necessário apresentar aqui ainda alguma coisa para prevenir contra essa ilusão e para apresentar o empirismo em toda a fraqueza de sua superficialidade.

O conceito da causalidade como *necessidade natural*, diversamente dessa causalidade como *liberdade*, só diz respeito à existência das coisas enquanto ela é *determinável no tempo*, por conseguinte, como fenômenos por oposição à sua causalidade como coisas em si. Ora, se forem tomadas as determinações da existência das coisas no tempo para determinações das coisas em si mesmas (o que é o modo de representação mais habitual), a necessidade nas relações causais não se deixa de forma alguma concordar com a liberdade, mas elas são opostas contraditoriamente uma à outra. De fato, resulta da primeira que todo acontecimento e, portanto, toda ação que ocorre em dado momento se encontra necessariamente condicionada por aquilo que ocorreu no tempo anterior. Ora, como o tempo passado não está mais em meu poder, é preciso que toda ação que realizo, por razões determinantes *que não estão em meu poder*, seja necessária, o que quer dizer que no momento em que ajo nunca sou livre. Mais ainda, se eu considerasse toda minha existência como independente de toda causa externa (por exemplo, de Deus), de modo que os fundamentos da determinação de minha causalidade, ou seja, de minha existência total, não se encontrassem fora de mim, isso não mudaria de maneira alguma essa necessidade natural em liberdade. De fato, em cada instante, me encontro realmente sempre sob a necessidade de ser determinado a agir *pelo que não está em meu poder* e a série infinita *tem parte a priori* dos acontecimentos, que eu nunca seria levado a continuar de acordo com uma ordem predeterminada sem poder em parte alguma começar por mim mesmo, seria uma cadeia natural contínua e minha causalidade não seria nunca, portanto, liberdade.

Se quiséssemos, por conseguinte, atribuir liberdade a um ser cuja existência é determinada no tempo, não se pode, pelo menos nessa medida, excetuá-lo da lei da necessidade natural que rege todos os acontecimentos de sua existência, por conseguinte, também suas ações, pois isso equivaleria a abandoná-lo ao mais cego acaso. Mas como esta lei se refere inevitavelmente toda causalidade das coisas, enquanto sua *existência* for determinável *no tempo*, se não houvesse uma forma diversa de representar *a existência dessas coisas em si mesmas*, seria necessário repelir a liberdade como um conceito nulo e impossível. Por conseguinte, se ainda quisermos salvá-la, não nos resta outra saída senão atribuir a existência de uma coisa enquanto determinável no tempo e, por isso, também a causalidade, segundo a lei da *necessidade natural, ao fenômeno somente*, atribuindo ainda a liberdade precisamente *a esse mesmo ser como coisa em si mesma*. Em todo caso, isso é certamente inevitável se quisermos conservar juntos esses dois conceitos que se rejeitam mutuamente; mas na aplicação, quando desejarmos explicá-los como unidos numa só ação, quando pretendemos explicar essa mesma união, surgem tão grandes dificuldades que parecem tornar impossível essa união.

Se em relação a um homem que comete um furto afirmo que esse ato, segundo a lei natural da causalidade, é uma consequência necessária dos fundamentos da determinação do tempo passado, é que era impossível que esse ato pudesse não ocorrer; mas então como pode o fato de julgar, segundo a lei moral, operar nisso uma modificação e supor que esse ato poderia ter sido cometido porque a lei diz que não deveria ter sido cometido, isto é, como se pode chamar realmente livre um homem, nesse mesmo instante e em vista dessa mesma ação, instante no qual e ação em vista da qual é, portanto, submetido a uma necessidade natural inevitável? Procurar uma saída dizendo que só ajustamos o *modo* dos fundamentos da determinação de sua causalidade, segundo a lei da natureza, a um conceito *comparativo* da liberdade (segundo o qual chamamos às vezes efeito livre aquele cujo fundamento natural determinante reside *interiormente* no ser que produz efeitos, por exemplo, o que produz um corpo lançado quando segue seu livre movimento, uma vez que empregamos o termo liberdade porque esse corpo, durante seu deslocamento, não é impulsionado por alguma coisa de fora, ou também, como dizemos livre o movimento de um relógio porque ele próprio move seus ponteiros, sem que isso seja feito por impulso de fora, do mesmo modo as ações do homem, embora seus fundamentos da determinação que ocorrem no tempo sejam necessárias, dizemos, contudo, que elas são livres, porque precisamente essas ações são interiores, causadas por representações produzidas por nossas próprias forças, segundo desejos suscitados no momento de certas circunstâncias e, portanto, segundo nosso próprio gosto), é um recurso mesquinho, com o qual ainda se deixam envolver certos indivíduos que pensam ter, desse modo, resolvido com uma argúcia medíocre esse difícil problema, para cuja solução milênios trabalharam em vão, solução que, por conseguinte, é muito improvável que seja suscetível de ser encontrada se continuarmos de maneira tão evidente na superfície das coisas.

Com efeito, na questão dessa liberdade, que deve ser colocada como fundamento de todas as leis morais e da imputação conforme a essas leis, não se trata de modo algum de saber se a causalidade determinada segundo uma lei da natureza é necessária por fundamentos da determinação situados *no* sujeito ou *fora* dele e, no primeiro caso, se é necessário pelo instinto ou em virtude de fundamentos da determinação pensados pela razão; se essas representações determinantes, segundo confessam esses mesmos homens, possuem o fundamento de sua existência no tempo e precisamente no *estado anterior* e este, por sua vez em estado precedente e assim sucessivamente, então essas determinações podem ser sempre interiores, podem realmente ter uma causalidade psicológica e não mecânica, isto é, produzir a ação por meio de representações e não por meio de movimento corporal, e serão sempre *fundamentos da determinação* da causalidade de um ser, enquanto a sua existência é determinável no tempo, estando, portanto, sob condições necessárias do tempo passado, as quais, por conseguinte, *não estão mais em poder do sujeito* no momento em que este deve agir, implicando esses fundamentos certamente uma liberdade psicológica (se quisermos de qualquer forma utilizar essa expressão a propósito de um encadeamento puramente interior das representações da alma), mas também a necessidade natural, por conseguinte, não deixando subsistir nenhuma *liberdade transcendental*, a qual deve ser concebida como independente de todo elemento empírico e também alheia à natureza em geral, consideremo-la como objeto do sentido interno, somente no tempo, como objeto dos sentidos externos, de uma só vez no espaço e no tempo, liberdade (neste último sentido que é o autêntico) sem a qual, uma vez que é só prática *a priori*, nenhuma lei moral, nenhuma imputação segundo esta última são possíveis.

Precisamente por isso podemos, de acordo com a lei da causalidade, chamar também de *mecanismo* da natureza toda necessidade dos acontecimentos no tempo, embora por isso não seja de entender que as coisas submetidas a esse mecanismo tenham que ser verdadeiras *máquinas* materiais. Aqui nos referimos somente à necessidade da conexão dos acontecimentos numa série temporal, tal como se desenvolve segundo a lei natural, que agora chamamos, no sujeito no qual se produz esse desenrolar, *automaton materiale*, porque o mecanismo que o constitui é movido por matéria ou, com Leibniz, *automaton spirituale*, porque é movido por representações; e se a liberdade de nossa vontade não fosse mais que esta última (entendemos a liberdade psicológica e relativa, não ao mesmo tempo a liberdade transcendental, isto é, absoluta), não seria fundamentalmente melhor que a liberdade de um mecanismo que, dada a corda, por si mesmo executa seus movimentos.

Entretanto, para que desapareça do exemplo a aparente contradição que resulta entre o mecanismo natural e a liberdade, dentro da mesma ação, devemos reavivar, no caso exposto, o que foi dito na *Crítica da razão pura* ou então o que disso resulta, ou seja, que a necessidade natural, que não pode coexistir com a liberdade do sujeito, só se aplica às determinações da coisa que se encontra sob condições temporais, por conseguinte, só às do sujeito agente considerado como fenômeno, cujas ações, como também os motivos que as determinam, residem no tempo passado e que *não está mais em seu poder* (dentro do qual também se deve compreender, como manifestações, seus atos já realizados e o caráter que, diante de seus olhos, lhe é imputado segundo esses atos). Mas o mesmo sujeito que, precisamente, por outro lado, tem consciência de si mesmo como de uma coisa em si, considera também sua existência *como não submetida às condições do tempo* e a si próprio como determinado simplesmente por leis que recebe da razão individual; nessa existência não há nada anterior para ele à determinação de sua vontade, mas toda ação e em geral qualquer determinação, mudando conforme ao sentido íntimo de sua existência, mesmo toda a série ordenada de sua existência como ser sensível, requerem ser consideradas, na consciência de sua existência inteligível, como consequência unicamente, jamais como fundamento da determinação de sua causalidade, enquanto número. Considerando as coisas desse modo, o ser racional pode então dizer na verdade de toda ação que realiza e que é contrária à lei, mesmo quando for, como fenômeno, suficientemente determinada no passado e seja, nesse sentido, absolutamente necessária, que poderia ser levado a omiti-la; é que ela, com todo o passado que a determina, pertence a uma manifestação única de seu caráter, que ele se confere a si mesmo e, segundo o qual, imputa a si mesmo, como causa independente de toda sensibilidade, a causalidade desses fenômenos.

Concordam com isso também perfeitamente as sentenças desse surpreendente poder que está em nós e que chamamos consciência. Um homem pode usar de artifícios quanto quiser para justificar uma conduta contrária à lei, conduta de que se lembra sob as cores de uma negligência não premeditada, de uma simples imprudência que nem sempre é possível evitar, por conseguinte, de qualquer coisa para a qual foi levado pela corrente da necessidade natural, e se declarar inocente; não obstante isso, pensará sempre que o advogado que pleitear em seu favor não pode, de modo algum, reduzir ao silêncio o acusador que traz em si, caso tenha consciência de que no momento em que praticou a injustiça se encontrava em perfeito juízo, isto é, em pleno uso de sua liberdade; ainda que *explique* sua falta por certo mau hábito que imperceptivelmente contraiu negligenciando os cuidados que devia ter e que atingiu um grau tal que pode considerar sua falta como uma consequência natural desse hábito, não pode, contudo, assegurar-se com isso contra a recriminação que se faz e a censura que se dirige a si mesmo.

Fundamenta-se também nisso o arrependimento de um ato cometido faz longo tempo, quando é recordado; um sentimento doloroso produzido como efeito pela disposição moral do ânimo, sentimento que é praticamente inútil na medida em que não pode servir para fazer com que o que aconteceu não tenha acontecido e que poderia até mesmo parecer absurdo (como reconheceu Priestley[5], como fatalista autêntico e que procede de modo consequente; com esta franqueza merece mais aplausos que aqueles que, enquanto sustentam na realidade o mecanismo da vontade e só por palavras a liberdade

---

(5) Priestley (1733-1804), químico, teólogo e filósofo inglês (NT).

da mesma, querem, contudo, ser considerados como partidários da liberdade, porque, sem tornar compreensível a possibilidade da imputação, no entanto a admitem em seu sistema sincretista), mas que, como dor, esse arrependimento é totalmente legítimo, porque a razão, quando se trata da lei de nossa existência inteligível (da lei moral) não reconhece distinção alguma de tempo e indaga somente se o caso me pertence como ato, unindo em seguida, sempre com ele, moralmente, esse mesmo sentimento, ocorra esse fato agora ou tenha acontecido há muito tempo. Com efeito, a vida *sensível* tem, com relação à consciência de sua existência inteligível (da liberdade), a absoluta unidade de uma manifestação que, enquanto só contém fenômenos da resolução que se refere à lei moral (do caráter) não deve ser julgada segundo a necessidade natural que lhe cabe enquanto fenômeno, mas segundo a absoluta espontaneidade da liberdade.

Pode-se, portanto, admitir que se nos fosse possível ter no modo de pensar de um homem, tal como se mostra por atos interiores e exteriores, uma visão tão profunda a ponto de todo motor, mesmo o mais insignificante, resultasse conhecido e, do mesmo modo, todas as circunstâncias exteriores que agem sobre ele, chegar-se-ia então a calcular com segurança a conduta de um homem no futuro, como os eclipses do sol ou da lua e, não obstante isso, sustentar que o homem é livre. Com efeito, se fôssemos ainda capazes de outra contemplação (que não nos foi concedida, mas da qual só possuímos conceitos racionais), isto é, de uma intuição intelectual desse mesmo sujeito, logo perceberíamos que toda esta cadeia de fenômenos, naquilo que só pode interessar sempre à lei moral, depende da espontaneidade do sujeito como coisa em si mesma, de cuja determinação não se pode dar nenhuma explicação física. Na falta dessa intuição, a lei moral nos garante essa distinção da relação de nossas ações como fenômenos ao ser sensível de nosso sujeito e da relação pela qual este ser sensível é propriamente referido ao substrato inteligível que reside em nós.

Nessa perspectiva, que é natural à nossa razão, embora inexplicável, podemos justificar certos juízos pronunciados com plena consciência e que parecem, contudo, à primeira vista, se opor a toda equidade. Há casos em que homens, mesmo tendo sido beneficiados com uma educação que ao mesmo tempo foi proveitosa para outros, mostram, contudo, desde sua infância uma maldade tão precoce e nela persistem, reforçando-a de tal modo até a idade madura, que os temos por perversos natos e inteiramente incorrigíveis no que tange a seu modo de pensar, mas se os julgarmos por sua conduta, recriminando-os de serem responsáveis por suas culpas, até eles próprios (os meninos) acham essas recriminações totalmente fundadas, exatamente como se eles, não obstante a constituição natural desesperada que se atribui a seu ânimo, continuassem a ser tão responsáveis como qualquer outro homem. Isso não ocorreria se não supuséssemos que tudo o que provém de seu arbítrio (como é o caso, sem dúvida, de toda ação realizada intencionalmente) tem como fundamento uma causalidade livre que exprime, desde a primeira juventude, o caráter em seus fenômenos (nas ações), fenômenos que, por causa da uniformidade da conduta, fazem surgir um encadeamento natural que, contudo, não torna necessária a constituição maligna da vontade, mas que é antes a consequência da admissão voluntária das proposições fundamentais más e imutáveis, as quais o tornam ainda mais repreensível e digno de punição.

Há ainda uma dificuldade no que se refere à liberdade, quando deve ser unida com o mecanismo natural, num ser pertencente ao mundo sensível, dificuldade que, mesmo depois que todo o anteriormente exposto deva ser admitido, ameaça ainda a liberdade da mais completa ruína. Mas nesse perigo, uma circunstância nos dá ao mesmo tempo a esperança de uma saída feliz para a afirmação da liberdade, ou seja, que essa mesma dificuldade oprime com força bem maior (de fato, como veremos logo, apenas oprime) um sistema em que a existência determinável no tempo e no espaço é tida como a própria existência das coisas em si mesmas, não nos obrigando, portanto, a abandonar nossa principal pressuposição mais fundamental, aquela da idealidade do tempo como simples forma da intuição sensível e, por conseguinte, como simples modo de representação próprio ao sujeito, enquanto pertencente ao mundo sensível, e que exige somente, portanto, que a unamos com essa ideia.

Se conseguirmos concordar, com efeito, que o sujeito inteligível pode ainda ser livre em relação a determinada ação, embora, como sujeito pertencente também ao mundo sensível, seja, com relação a essa mesma ação, condicionado mecanicamente, parece que seja necessário igualmente, desde que se admita que *Deus*, como ser originário universal, é *causa* também da *experiência da substância* (proposição que nunca pode ser rejeitada sem rejeitar ao mesmo tempo o conceito de Deus como ser de todos os seres e com isso seu atributo de ser suficiente para tudo, atributo de que tudo depende em teologia), deveremos também admitir que as ações do homem têm seu fundamento determinante *naquilo que está totalmente fora de seu poder*, ou seja, na causalidade de um ser supremo distinto inteiramente dele, do qual depende em tudo a existência do primeiro e toda a determinação de sua causalidade. Com efeito, se as ações do homem, enquanto pertencentes à sua determinação no tempo, não fossem simples determinações do homem como coisa em si mesma, a liberdade não poderia ser salva.

O homem não passaria de um fantoche ou de um autômato de Vaucanson[6], construído e remontado pelo mestre supremo de todas as obras de arte e a consciência de si faria dele certamente um autômato pensante, mas no qual a consciência de sua espontaneidade, considerada como liberdade, seria uma simples ilusão, dado que não merece ser assim chamada senão comparativamente, porque as causas próximas que determinam seu movimento e uma longa série remontando destas a suas causas determinantes são certamente interiores; por outro lado, a causa última e suprema se encontra inteiramente em mãos alheias. É por isso que não vejo como aqueles que ainda persistem em considerar o tempo e o espaço como determinações pertencentes à existência das coisas em si mesmas, querem evitar aqui a fatalidade das ações, nem como, quando se contentam simplesmente (como fez *Mendelssohn*[7], esse espírito, aliás, tão perspicaz) em não admitir ambos senão como condições pertencentes necessariamente à existência de seres finitos e derivados, mas não àquela do ser primeiro infinito, querem justificar o direito de que dispõem para fazer tal distinção, nem como querem evitar a contradição em que incidem considerando a existência no tempo como determinação adstrita necessariamente às coisas finitas em si mesmas, embora Deus, que é a causa dessa existência, não pode, contudo, ser a causa do tempo (ou do espaço) em si (porque este, como condição necessária *a priori*, deve ser pressuposto à existência das coisas) e, por conseguinte, sua causalidade deve, em relação à existência dessas próprias coisas, ser condicionada segundo o tempo, com o qual devem, inevitavelmente, entrar todas as contradições relativas aos conceitos de sua infinidade e independência.

---

(6) Jacques de Vaucanson (1709-1782), engenheiro mecânico francês, ficou célebre por suas invenções de autômatos, espécie de robôs da época (NT).
(7) Moses Mendelssohn (1729-1786), filósofo alemão, ligado ao Iluminismo e ao racionalismo dogmático de Leibniz (NT).

Pelo contrário, é muito fácil distinguir a determinação da existência divina, como independente de todas as condições de tempo, diferenciando-se daquela de um ser do mundo sensível, como a *existência de um ser em si mesmo*, daquela de uma *coisa no fenômeno*. Por isso, quando não se admite essa idealidade do tempo e do espaço, não resta mais do que o espinosismo, no qual tanto o espaço como o tempo são determinações essenciais do primeiro ser propriamente dito, mas as coisas, dependentes desse ser (nós também, portanto) não são substâncias, mas simplesmente acidentes que lhe são inerentes, porque se essas coisas existem apenas como seu efeito no tempo, o qual seria a condição da existência em si mesma, também as ações desses seres teriam que ser só ações que ele levou a termo em algum tempo e lugar. Por isso, o espinosismo, posto de lado o absurdo de sua ideia fundamental, conclui de maneira muito mais consequente do que se possa concluir segundo a teoria da criação, na qual os *seres*, admitidos como substâncias e como seres *existentes* em si *no tempo*, são considerados como efeitos de uma causa suprema e, contudo, ao mesmo tempo, como não pertencentes ao ser original e à sua ação, mas como substâncias por si mesmos.

A dificuldade que acaba de ser examinada se resolve brevemente e de maneira evidente da seguinte maneira: se a existência *no tempo* é um modo de representação simplesmente sensível pertencente aos seres pensantes que estão no mundo e se, por conseguinte, não se refere a eles como coisas em si, a criação desses seres é uma criação das coisas em si mesmas, porque o conceito de uma criação não pertence ao modo sensível de representação da existência nem da causalidade, mas só pode se referir aos números. Por conseguinte, quando falo de seres do mundo sensível que são criados, considero-os nessa medida como números. Portanto, exatamente como haveria contradição ao dizer que Deus é um criador de fenômenos, da mesma forma há contradição ao dizer que ele, como criador, é causa das ações no mundo sensível, isto é, das ações como fenômenos, mesmo que ele seja causa da existência dos seres agentes (como números). Se é possível, pois (admitindo tão somente a existência no tempo como algo que só vale para os fenômenos e não para as coisas em si mesmas), afirmar a liberdade sem prejuízo do mecanismo natural das ações como fenômenos, então o fato de os seres agentes serem criaturas não pode, portanto, absolutamente nada mudar aqui, porquanto a criação se refere à sua existência inteligível, mas não à sensível, não podendo ser considerada, portanto, como fundamento da determinação dos fenômenos; mas resultaria de modo totalmente distinto se os seres do mundo como coisas em si mesmas existissem *no tempo*, visto que o criador da substância seria ao mesmo tempo o autor de toda a mecânica que constitui essa substância.

Com isso se constata a importância considerável da separação introduzida na crítica da razão especulativa pura entre o tempo (e igualmente o espaço) e a existência das coisas em si mesmas.

Poder-se-á dizer que a solução aqui proposta da dificuldade encerra na verdade muitas obscuridades e não pode realmente admitir uma exposição clara. Mas será que qualquer outra solução tentada ou pode ser tentada é mais fácil e mais acessível? Tem-se antes vontade de dizer que os mestres dogmáticos da metafísica mostraram que eram mais maliciosos que sinceros ao fazer tanto quanto possível perder de vista este ponto difícil, na esperança de que, se nada dissessem a respeito, ninguém haveria de pensar nisso espontaneamente. Se devemos ajudar uma ciência, é necessário que todas as dificuldades sejam *desvendadas* e até mesmo que sejam *procuradas* aquelas que, por mais escondidas que estejam, nos criam obstáculos; pois, cada uma dessas dificuldades requer uma solução que não pode ser encontrada sem propiciar à ciência um relativo crescimento, seja em extensão ou em precisão, de modo que até os obstáculos se tornam meios de levar a ciência a se aprofundar. Por outro lado, se quisermos mascarar as dificuldades intencionalmente ou somente resolvê-las com paliativos, cedo ou tarde se transformarão em males irremediáveis que, num ceticismo total, aniquilam a ciência.

Como o conceito da liberdade é propriamente o único, entre todas as ideias da razão especulativa pura, que proporciona um extenso conhecimento no campo do suprassensível, embora somente em relação ao conhecimento prático, pergunto-me *de onde pode ter provindo a ele a exclusividade de tão grande fecundidade*, enquanto que os outros assinalam o lugar vago para colocar puros seres racionais possíveis, mas não conseguem determinar o conceito deles de maneira alguma. Compreendo logo que, como nada posso pensar sem categorias, é necessário procurar primeiramente, também para a ideia racional da liberdade de que me ocupo, uma categoria que aqui é a categoria da *causalidade* e logo saberei que, mesmo quanto ao *conceito racional* da liberdade como conceito transcendente, não pode ser submetida, contudo, nenhuma intuição correspondente ao *conceito do intelecto* (a causalidade), para a síntese do qual *o primeiro* exige o incondicionado, mas deve ser propiciada ao mesmo antes uma intuição sensível mediante a qual lhe é assegurada, antes de tudo, a realidade objetiva.

Ora, todas as categorias são distribuídas em duas classes: as categorias *matemáticas*, que se referem somente à unidade da síntese na representação dos objetos, e as categorias *dinâmicas*, que se referem à unidade da síntese a representação da existência dos objetos. As primeiras (as de quantidade e de qualidade) contêm sempre uma síntese do *homogêneo*, na qual o incondicionado não pode surgir no condicionado, no espaço e no tempo dado na intuição sensível, porque nesse caso ele próprio, por sua vez, deveria pertencer ao espaço e ao tempo e por isso ser sempre novamente condicionado; é por essa razão também que na dialética da razão teórica pura os dois modos opostos de encontrar o incondicionado e a totalidade das condições para essas categorias eram ambos inteiramente falsos. As categorias da segunda classe (as da causalidade e da necessidade de uma coisa) não exigiam de modo algum essa homogeneidade (do condicionado e da condição na síntese), porque aqui o que se deve considerar na intuição não é o conjunto dos elementos que contém, mas a existência do objeto condicionado a ela, unindo-se à existência da condição (no entendimento, como conexa à existência do objeto), sendo então lícito colocar no mundo sensível, para o condicionado total (tanto em relação à causalidade como à existência contingente das coisas em si), o incondicionado, embora indeterminado pelo demais, no mundo inteligível, tornando dessa forma a síntese transcendente; por isso na dialética da razão especulativa pura resultou também que os dois modos, opostos na aparência um ao outro, encontrar o incondicionado para o condicionado na síntese da causalidade, na realidade não eram contraditórios entre si; não há por exemplo, na síntese da causalidade qualquer contradição no fato de conceber-se para o condicionado, que consiste na série das causas e dos efeitos do mundo sensível, uma causalidade sequer que não esteja submetida à condição sensível, seja qual for a própria ação que, enquanto pertence ao mundo sensível, está sempre submetida a condições sensíveis, isto é, resulta mecanicamente necessária, pode ao mesmo tempo, como pertencente ao ser agente participante do mundo inteligível, ter por fundamento uma causalidade sensivelmente incondicionada e, por conseguinte, ser concebida como livre. Tratava-se, portanto, simplesmente de converter o que pode ser naquilo que *é*, ou seja, de tornar evidente num caso real, por assim dizer, por meio de um fato, que certas ações fazem supor uma causalidade semelhante (a causalidade intelectual, sensivelmente incondicionada), sejam elas efetivamente reais ou simplesmente ordenadas, isto é, prática e objetivamente necessárias. Não podíamos esperar encontrar essa conexão em ações efetivamente dadas na experiência, como acontecimentos do mundo sensível, porque se deve sempre procurar a causalidade pela liberdade fora do mundo sensível, no inteligível.

Mas fora dos seres sensíveis não nos são dadas outras coisas além das atinentes à percepção e à observação. Não nos restava, portanto, nada mais do que encontrar uma proposição fundamental incontestável da causalidade e, para tudo dizer, objetiva, própria a excluir de sua determinação qualquer condição sensível, isto é, uma proposição fundamental cuja relação não se baseasse sobre alguma coisa como fundamento da determinação da causalidade, mas que ela mesmo constituísse esse fundamento, no qual, por conseguinte, sendo *razão pura*, surgisse ela própria como razão prática. Não era, porém, necessário procurar ou descobrir esse princípio; encontrava-se há longo tempo na razão de todos os homens, incorporado a seu ser e é a proposição fundamental da moralidade.

Desse modo, portanto, essa causalidade não se sujeita a condição alguma e seu poder, a liberdade, e com esta um ser (eu mesmo) que pertence ao mundo sensível, não são só, como pertencentes também ao mundo inteligível, indeterminada e problematicamente pensadas (coisa que já a razão especulativa poderia descobrir como possível) mas também *determinadas relativamente à lei* de sua causalidade e *conhecidas* assertivamente, sendo-nos assim dada a realidade do mundo inteligível, na verdade praticamente determinada, resultando tal determinação, que seria *transcendente* (exorbitante) em seu sentido teórico, *imanente* sob o ponto de vista prático.

Não podíamos articular, porém, o mesmo passo em relação à segunda ideia dinâmica, isto é, a de um *ser necessário*. Sem a mediação da primeira ideia dinâmica, não nos seria dado chegar a ele, partindo do mundo sensível. Se quiséssemos tentar isso, deveríamos ousar fazer um longo salto, abandonando tudo o que nos é possível conhecer aqui para lançar-nos até onde nada conhecemos capaz de nos proporcionar algo de útil, onde pudéssemos facilitar reunião de semelhante ser inteligível com o mundo sensível (porque o ser necessário devia ser conhecido como existente *fora de nós*); mas, por outro lado, isso constitui agora, como prova a evidência, ação bem possível em ralação a *nosso próprio* sujeito, quando a lei moral se determina *por um lado*, como ser inteligível (em virtude da liberdade), *por outro lado*, conhecendo-se a si mesmo como agindo no mundo sensível, segundo essa determinação.

Só o conceito da liberdade permite que não tenhamos que sair de nós mesmos para encontrar o incondicionado e o inteligível para o condicionado e o sensível. É nossa própria razão que se conhece a si mesma por meio da suprema e incondicionada lei prática, reconhecendo-se o ser que tem consciência dessa lei (nossa própria pessoa) como pertencente ao mundo puro do entendimento e, mais precisamente até, com a determinação pela qual pode, como tal, ser ativo. Pode-se compreender desse modo porque, em todo o poder da razão, só pode ser *prático aquele* que nos ajuda sair do mundo sensível, proporcionando-nos conhecimentos de uma ordem e conexão suprassensíveis e que, por isso mesmo, não podem ser estendidos mais do que até onde seja necessário sob o ponto de vista prático.

Que me seja permitido neste momento chamar a atenção sobre uma só coisa ainda, ou seja, que todo o passo que se dá com a razão pura, inclusive no campo prático, onde não se leva em conta qualquer especulação, por sutil que seja, se ajuste a mesma, em verdade e exatamente por si mesma, com todos os momentos da crítica da razão teórica, como se cada passo fosse prudentemente imaginado para chegar à confirmação desta. Uma concordância tão precisa, de modo algum procurada, mas que (como podemos nos convencer por nós mesmos, desde que desejemos prosseguir as pesquisas morais até suas raízes) se impõe por si mesma, concordância das proposições mais importantes da razão prática, juntamente com aquelas reflexões, muitas vezes sutis e inúteis na aparência, da crítica da razão especulativa, provoca surpresa e confirma a máxima conhecida e exaltada por tantos outros de que em toda pesquisa científica há necessidade de prosseguir tranquilamente o próprio caminho com toda a exatidão e sinceridade possíveis, sem levar em conta tudo aquilo que poderia opor-se à mesma fora de seu domínio, sendo executada por si mesma, enquanto possível, de um modo completo e verdadeiro.

Uma frequente observação me convenceu de que, quando essas pesquisas são levadas até seu fim, o que, a meio caminho delas, me parecia às vezes muito complexo com relação a outras doutrinas externas a esse campo, por pouco que tenha desviado os olhos dessa dificuldade e me tenha concentrado unicamente em minha pesquisa, uma vez terminada a tarefa, concordava a mesma de um modo inesperado mas perfeitamente bem com o que se havia encontrado de forma independente, sem levar em conta minimamente essas doutrinas, sem parcialidade nem preferência para com elas. Os escritores evitariam muitos erros e demasiados esforços inúteis (porque ela visava a uma ilusão), se pudessem somente se decidir em pôr-se ao trabalho com um pouco mais de probidade.

Livro Segundo
Dialética da
Razão Prática Pura

CAPÍTULO I

DE UMA DIALÉTICA DA RAZÃO PRÁTICA PURA EM GERAL

A razão pura, considerada em seu uso especulativo ou prático, tem sempre sua dialética, pois exige a absoluta totalidade das condições para um dado condicionado e esta não pode ser verdadeiramente encontrada senão nas coisas em si mesmas. Mas como todos os conceitos das coisas só podem ter referências a intuições que em nós, homens, não podem jamais ser senão sensíveis, nos permitem, por conseguinte, conhecer os objetos não como coisas em si mesmas, mas somente como fenômenos, em cuja série do condicionado e das condições não podemos encontrar nunca o incondicionado, surge assim uma inevitável ilusão ao aplicarmos essa ideia racional da totalidade das condições (por conseguinte, do incondicionado) a fenômenos como se fossem coisas em si mesmas (pois como tais são considerados sempre, quando falta uma crítica que previna contra essa confusão); mas essa aparência não seria notada como enganosa, se não se delatasse a si própria por um *conflito* da razão consigo mesma na aplicação a fenômenos sua proposição fundamental que consiste em supor o incondicionado para todo condicionado. Mas, por isso, a razão se vê obrigada a perscrutar essa aparência para saber de onde provém e como pode ser superada, coisa que só poderá ser feita por meio de uma crítica completa de todo o poder puro da razão, de modo que a antinomia da razão pura, que se manifesta em sua dialética, é na realidade o erro mais benfazejo em que pudesse por uma vez incorrer a razão humana, pois nos impele finalmente a procurar a chave para sair desse labirinto; essa chave, uma vez encontrada, revela também o que não se procurava e do que, contudo, se necessita, ou seja, uma perspectiva em mais elevada ordem de coisas, imutável, na qual já estamos e na qual podemos doravante ser engajados por preceitos determinados a continuar nossa existência, conforme com o destino supremo que a razão determina.

Como é possível, no uso especulativo da razão pura, resolver essa dialética natural e evitar o erro que provém de uma aparência além de tudo natural, isso pode ser descoberto em detalhes na crítica dessa faculdade. Mas a razão em seu uso prático não está numa situação mais invejável. Ela procura, como razão pura prática, para o prático condicionado (para o que repousa sobre inclinações e a necessidade natural) também o incondicionado e, na verdade, não como fundamento da determinação da vontade, mas embora esse fundamento tenha sido (na lei moral) como a totalidade do *objeto* da razão prática pura, sob o nome de *soberano bem*.

Determinar essa ideia praticamente, isto é, de maneira suficiente para a máxima de nossa conduta racional, constitui a *doutrina da sabedoria*; e esta, por sua vez, como *ciência*, é *filosofia* no significado que os antigos davam a esta palavra, para os quais ela ensinava em qual conceito convinha colocar o *soberano bem* e a conduta a seguir para conquistá-lo. Seria conveniente que deixássemos a esta palavra sua antiga significação, a de uma doutrina do *soberano bem* enquanto a razão se esforça, nessa doutrina, para chegar à *ciência*. De fato, por um lado, a condição restritiva que conduz em si seria conforme à expressão grega (que significa amor da *sabedoria*) e ao mesmo tempo suficiente para compreender, sob o nome de filosofia, o amor à *ciência* e, por conseguinte, a todo conhecimento especulativo da razão, enquanto é útil tanto para o conceito do soberano bem, como também para o fundamento da determinação prática, sem contudo perder de vista o fim essencial pelo qual somente a filosofia pode ser denominada doutrina da sabedoria. Por outro lado, não seria também nocivo desencorajar a presunção daquele que se atrevesse a pretender o título de filósofo, apresentando-lhe logo, na própria definição, a medida de sua estimativa real, o que rebaixaria em muito suas pretensões; é que ser um *mestre de sabedoria* deve significar sempre um pouco mais do que a condição de discípulo que ainda não chegou bastante longe para dirigir-se a si mesmo e, muito menos, aos outros, com a esperança segura de conseguir um fim tão elevado; isso significaria ser *um mestre no conhecimento da sabedoria*, o que diz mais do que um homem modesto possa atribuir-se a si mesmo, continuando sempre a filosofia, como a própria sabedoria, na posição de um ideal que objetivamente, só na razão é completamente representado, mas para o indivíduo constitui apenas o objeto de seu esforço constante. Proclamar que está na posse disso tudo e inculcar-se o nome filósofo é situação a que só tem direito aquele que também pode apresentar como exemplo em sua pessoa o efeito infalível do mesmo (o domínio de si próprio e o interesse jamais desmentido, tomado antes de tudo em função do bem comum); é isso também que os antigos exigiam para aqueles que pretendessem merecer esse honroso nome.

No tocante à dialética da razão prática pura na determinação do conceito do *soberano bem* (dialética que, se se chegar a resolvê-la, permite esperar, precisamente como a dialética da razão teórica, o efeito mais benéfico, porque as contradições da razão prática pura consigo mesma, analisadas com franqueza e não dissimuladas, obrigam a empreender uma crítica completa de seu próprio poder), nada mais nos resta que deixar um lembrete preliminar.

A lei moral é o único fundamento da determinação da vontade pura. Mas, uma vez que essa lei é puramente formal (isto é, exige unicamente que a forma da máxima seja universalmente legisladora), faz abstração, como fundamento da determinação, de toda matéria e, portanto, de todo objeto do querer. Por conseguinte, mesmo que o soberano bem seja sempre o *objeto* integral de uma razão prática pura, isto é, de uma vontade pura, não deve, apesar disso, ser considerado como o *fundamento da determinação* da vontade, devendo considerar unicamente a lei moral como o fundamento que a determina a fazer do soberano bem, assim como de sua realização efetiva ou do fato de promovê-lo, seu objeto. Esta observação é importante num caso tão delicado como a determinação dos princípios morais, na qual até mesmo a mais leve confusão falsifica as resoluções. De fato, por meio da analítica, já se poderá ter visto que, se for admitido antes da leis moral, como fundamento da determinação da vontade, um objeto qualquer denominado um bem e que dele se derive em seguida o princípio prático supremo, isso traria então sempre uma heteronomia e reprimira o princípio moral.

É muito fácil compreender que, se no conceito do soberano bem já se encontra incluída a lei moral como condição suprema, o soberano bem não é então simplesmente objeto, mas seu próprio conceito e a representação de sua existência, possível por meio de nossa razão prática, são ao mesmo tempo o *fundamento da determinação* da vontade pura; pois então, de fato, é a lei moral já incluída nesse conceito e pensada com ele, e não qualquer outro objeto, que determina a vontade segundo o princípio da autonomia. Esta ordem nos conceitos da determinação da vontade não deve ser perdido de vista, sob pena de não compreender-se mais a si mesmo e de acreditar se contradizer quando tudo se mantém na mais perfeita harmonia.

Capítulo II

Da Dialética da Razão Pura na Determinação do Conceito do Soberano Bem

O conceito do que é *soberano* já contém um equívoco que, se não for levado em conta, pode ocasionar disputas inúteis. Soberano ou sumo pode significar supremo (*supremum*) ou também terminado (*consummatum*). No primeiro caso, designa a condição que é ela própria incondicionada, isto é, não está submetida a nenhuma outra (*originarium*); no segundo, o todo que não é parte de um todo maior, ainda que da mesma espécie (*perfectissimum*).

Que a *virtude* (enquanto nos torna dignos de sermos felizes) seja a *condição suprema* de tudo o que nos possa parecer desejável e, por conseguinte, também de toda a nossa busca de felicidade, sendo em decorrência o bem *supremo*, é o que foi provado na analítica. Mas nem por isso constitui o bem mais completo e acabado, enquanto objeto da faculdade de desejar de seres racionais e finitos, pois, para ser esse bem, se exige que seja acrescida a felicidade e, para dizer a verdade, não somente aos olhos interessados da pessoa que se toma a si mesma como fim, mas também no juízo de uma razão imparcial que considera a virtude em geral no mundo como um fim em si. De fato, ter necessidade da felicidade, ser igualmente digno dela e, contudo, não ter parte nela, isso não pode em absoluto concordar com o querer perfeito de um ser racional que teria ao mesmo tempo todo o poder, mesmo se nós não nos representássemos senão em pensamento um ser semelhante a título de ensaio. Enquanto, pois, a virtude e a felicidade constituem juntas a posse do soberano bem numa pessoa, mas também enquanto a felicidade estiver repartida exatamente em proporção da moralidade (como valor da pessoa e como aquilo que a torna digna de ser feliz), o *soberano bem* de um mundo possível, o soberano bem designa o todo, o bem acabado, no qual, contudo, a virtude permanece sempre, como condição, o soberano bem, porque não tem acima dele nenhuma outra condição e no qual a felicidade é sempre alguma coisa que é certamente agradável para aquele que a possui, mas sem ser por si mesma absolutamente boa sob todos os aspectos, supondo sempre ao contrário, como condição, a conduta moral de acordo com a lei.

É preciso que duas determinações *necessariamente* ligadas num conceito estejam em conexão como fundamento e consequência, e isso de tal maneira que essa *unidade* seja considerada como *analítica* (conexão lógica) ou como *sintética* (conexão real), aquela segundo a lei da identidade e esta, segundo a lei da causalidade. A conexão da virtude com a felicidade pode, portanto, ser compreendida de duas maneiras: ou o esforço para ser virtuoso e a procura racional da felicidade não são duas ações diferentes, mas completamente idênticas, de modo que não se tivesse necessidade de basear a primeira ação sobre qualquer outra máxima que não aquela que baseia a segunda; ou então essa conexão consiste em que a virtude produz a felicidade como alguma coisa de diferente da consciência da virtude, à maneira com a qual a causa produz um efeito.

Entre as antigas escolas gregas, só duas houve que seguiram propriamente um método idêntico na determinação do conceito do soberano bem, pois não quiseram reconhecer na virtude e na felicidade dois elementos distintos do sumo bem, buscando, por conseguinte, a unidade do princípio segundo a regra da identidade; por outro lado, essas escolas se separaram ao escolher diversamente aquele dos dois conceitos que é, para cada uma delas, fundamental. O *epicurista* dizia: ter consciência da máxima que conduz à felicidade, esta é a virtude; o *estoico* dizia: ter consciência da própria virtude, esta é a felicidade. Para o primeiro, a *prudência* equivalia à moralidade; para o segundo, que escolhia uma denominação mais elevada para a virtude, unicamente a *moralidade* era a sabedoria verdadeira.

É de lamentar que a perspicácia desses homens (que devemos ao mesmo tempo admirar por já terem explorado, em época tão distante, todos os caminhos plausíveis para conquistas filosóficas) tenha sido empregada tão mal para tentar estabelecer dois conceitos totalmente heterogêneos, o da felicidade e o da virtude. Mas era conforme ao espírito dialético de sua época, e até em nossos dias isso seduz às vezes espíritos sutis, ultrapassar diferenças essenciais e para sempre inconciliáveis nos princípios, procurando transformá-las numa disputa em palavras e produzindo assim, artificialmente, uma aparência de unidade do conceito simplesmente por meio de denominações diferentes; e isso geralmente se refere aos casos em que a união dos fundamentos heterogêneos se encontra a tal profundidade ou a tal altura, ou exigiria uma mudança tão completa das doutrinas admitidas por outro lado no sistema filosófico, que é de temer aprofundar-se em sua diferença real e que se prefere tratá-la como um desacordo no tocante a simples questões formais.

Embora ambas as escolas se empenhassem em procurar estabelecer que os princípios práticos da virtude e da felicidade eram um só, nem por isso concordavam entre elas sobre a maneira pela qual pensavam poder produzir a todo custo essa identidade, afastando-se infinitamente uma da outra; uma colocava seu princípio do lado estético, outra, do lógico; aquela, na consciência da necessidade sensível, esta, na independência da razão prática em relação a todos os fundamentos sensíveis da determinação. O conceito da virtude já se encontrava, segundo o *epicurista*, na máxima que recomendava trabalhar por sua própria felicidade; o sentimento da felicidade, por outro lado, já estava contido, segundo o *estoico*, na consciência de sua virtude. Ora, o que está contido em outro conceito é certamente idêntico a uma parte do conteúdo, mas não idêntico ao todo, podendo, além disso, os dois serem especificamente distintos um do outro, mesmo que sejam constituídos da mesma matéria, se as partes estão, num e no outro, unidas de uma maneira totalmente diferente para formar um todo. O estoico sustentava que a virtude é *todo o soberano bem* e que a felicidade não passa da consciência da posse da virtude, como pertencente ao estado do sujeito. O epicurista afirmava que a felicidade é *todo o soberano bem* e que a virtude não passa da forma da máxima que recomenda procurar a felicidade, isto é, o uso racional dos meios em vista de consegui-la.

Ora, transparece claramente da analítica que as máximas da virtude e aquelas da felicidade pessoal são, em relação a seu princípio prático supremo, totalmente heterogêneas e que, longe de concordarem, embora pertençam a um só e mesmo supremo bem para torná-lo possível, limitam-se consideravelmente e se prejudicam mutuamente no mesmo sujeito. Assim, a questão de saber *como o soberano bem é praticamente possível* permanece sempre, a despeito de todas as *tentativas de coalizão* feitas até aqui, um problema não resolvido. Mas o que faz disso um problema difícil de resolver está exposto na analítica, sendo que a felicidade e a moralidade constituem dois *elementos* do soberano bem, mas especificamente *distintos*, e que, por conseguinte, sua união não pode ser conhecida *analiticamente* (que, por exemplo, aquele que busca sua felicidade possa nessa sua conduta se ver, por simples decomposição dos conceitos, virtuoso, ou aquele que pratica a virtude se achar, pela consciência de semelhante conduta, já *ipso facto* feliz), uma vez que é uma *síntese* dos conceitos. Entretanto, uma vez que esta união é conhecida como existindo *a priori* e, por conseguinte, praticamente necessária, como não sendo derivada da experiência, e que a possibilidade do soberano bem não repousa em nenhum princípio empírico, será necessário, pois, que a dedução desse conceito seja *transcendental*. É *a priori* (moralmente) necessário produzir *o soberano bem pela liberdade da vontade*; é necessário, portanto, que a condição da possibilidade do soberano bem repouse, ela também, exclusivamente em fundamentos *a priori* do conhecimento.

1. A Antinomia da Razão Prática

No sumo ou soberano bem, que para nós é prática, isto é, que deve ser realizado efetivamente por nossa vontade, a virtude e a felicidade são pensadas como necessariamente ligadas, de modo que uma não pode ser admitida por uma razão prática pura, sem que a outra a acompanhe. Ora, essa ligação (como toda ligação) é *analítica* ou *sintética*. Mas como esta ligação não pode ser analítica, como se acaba de demonstrar, é necessário, portanto, que esta ligação seja pensada sinteticamente, isto é, como conexão entre a causa e o efeito, porquanto se refere a um bem prático, ou seja, a um bem possível pela ação. É necessário, pois, ou que o desejo da felicidade seja a causa motriz impelindo a máximas da virtude, ou que a máxima da virtude seja a causa eficiente da felicidade.

O primeiro caso é *absolutamente* impossível porque (como isso foi provado na analítica) máximas que colocam o fundamento da determinação da vontade na aspiração à felicidade pessoal não são morais e não podem fundamentar nenhuma virtude. Mas o segundo é *igualmente impossível*, porque toda conexão prática das causas e dos efeitos no mundo, como resultado da determinação da vontade, não se rege pelas resoluções morais da vontade, mas pelo conhecimento das leis da natureza e pelo poder físico de utilizá-las em vista dos fins que alguém se propõe e que, por conseguinte, nenhuma conexão necessária e suficiente para o soberano bem, entre a felicidade e a virtude, pode ser esperada no mundo da mais estrita observância das leis morais. Ora, como promover o soberano bem, que contém essa conexão em seu conceito, é um objeto necessário *a priori* de nossa vontade, estando ainda em inseparável conexão com a lei moral, torna-se, portanto, necessário que a impossibilidade do prove também a falsidade da segunda. Desse modo, o soberano bem é impossível segundo regras práticas, então é necessário que a lei moral, que ordena a promoção deste, seja, ela também, fantástica e que vise fins imaginários vazios, por conseguinte, que seja falsa em si.

2. SUPRESSÃO CRÍTICA DA ANTINOMIA DA RAZÃO PRÁTICA

Na antinomia da razão especulativa pura encontramos um conflito semelhante entre a necessidade natural e a liberdade no que se refere à causalidade dos acontecimentos no mundo. Resolveu-se isso com a demonstração de que não se tratava de um conflito verdadeiro, considerando-se os acontecimentos e mesmo o mundo em que se produzem (e assim devemos fazer) somente como fenômenos; com efeito, um só e mesmo ser agente tem, como fenômeno (mesmo com relação a seu próprio sentido interno), uma causalidade no mundo sensível que é sempre conforme ao mecanismo da natureza, mas em relação ao mesmo acontecimento, enquanto a pessoa agente se considera ao mesmo tempo como número (como pura inteligência na existência, não determinável no tempo, desse número), pode conter um fundamento da determinação dessa causalidade segundo leis da natureza, fundamento que é ele próprio livre em relação a toda lei da natureza.

É isso mesmo o que ocorre com a atual antinomia da razão prática pura de que nos ocupamos aqui. A primeira das duas proposições, ou seja, que a busca da felicidade produz um fundamento da resolução virtuosa, é *absolutamente falsa*; a segunda, por outro lado, ou seja, que a resolução virtuosa produz necessariamente a felicidade, *não é absolutamente* falsa, mas somente enquanto essa resolução é considerada como a forma da causalidade no mundo sensível e, por conseguinte, se admito a existência no mundo sensível como o único modo de existência do ser racional; não é, portanto, falsa senão de *forma condicional*. Ora, como estou não somente autorizado a pensar minha existência também como númeno num mundo do entendimento, mas que possuo até, com a lei moral, um fundamento da determinação puramente intelectual de minha causalidade (no mundo sensível), não é, pois, impossível que a moralidade da resolução tenha, enquanto é causa, uma relação senão imediata, pelo menos mediata (por meio de um autor inteligível da natureza) e, na verdade, necessária, com a felicidade como efeito no mundo sensível, relação esta que, numa natureza que é somente objeto dos sentidos, jamais pode registrar-se senão acidentalmente, não podendo, por conseguinte, ser suficiente para constituir o sumo bem.

Desse modo, a despeito desse conflito aparente de uma razão prática consigo mesma, o sumo bem, a finalidade suprema e necessária de uma vontade moralmente determinada, é um objeto verdadeiro para a vontade; com efeito, é praticamente possível, e as máximas da vontade, que se referem a esse objeto quanto à sua matéria, têm realidade objetiva, realidade posta em questão no princípio dessa antinomia relacionada com a ligação da moralidade e da felicidade segundo uma lei universal, mas posta em questão por simples equívoco, porque se tomara a relação entre os fenômenos por uma relação das coisas em si para com esses fenômenos.

Se formos obrigados a procurar a possibilidade do sumo bem, esse fim conferido pela razão a todos os seres racionais para tudo aquilo que podem moralmente desejar, tão longe, ou seja, na conexão com um mundo inteligível, deve-se estranhar que os filósofos da Antiguidade como aqueles dos tempos modernos tenham podido encontrar, já *nesta vida* (no mundo sensível), a felicidade unida à virtude em proporção bem adequada, ou que tenham podido persuadir-se de ter consciência dela. De fato, Epicuro como os estoicos exaltavam a felicidade acima de todas as coisas, como algo que surge da consciência da virtude na vida; o primeiro, em seus preceitos práticos, não mostrava as grosseiras resoluções que, segundo os princípios de sua teoria, poderia concluir que nela existem, usados por ele para a explicação e não para a ação ou, como muitos, induzidos em erro pelo vocábulo volúpia substituído pelo termo satisfação, assim o interpretaram; pelo contrário, ele contava a prática mais desinteressada do bem entre as formas de desfrute da alegria mais íntima, e a moderação e o domínio das inclinações, quaisquer que possam ser suas exigências do moralista mais severo nesse ponto, faziam parte de seu plano visando um prazer (com isso entendia a alegria constante do coração); nisso não se separava dos estoicos, principalmente porque colocava nesse prazer o fundamento que nos põe em movimento, o que esses últimos sempre negavam e certamente com razão.

Com efeito, por um lado o virtuoso *Epicuro*, como o fazem ainda hoje muitos homens moralmente bem intencionados, mas que não refletem com bastante profundidade sobre seus princípios, cometeu o erro de supor já a *resolução* virtuosa nas pessoas a quem queria indicar qual era o motor que impelia para a virtude (e é um fato que um homem honesto não pode ser feliz, se não tiver antes consciência de sua retidão; com efeito, naquela disposição de ânimo, as recriminações a que se veria obrigado dirigir a si mesmo por sua maneira pessoal de pensar por ocasião de eventuais transgressões e a condenação moral proferida contra si mesmo, o privariam de todo o desfrute daquilo que sua condição poderia ter, sem isso, de agradável). Mas a questão é de saber por que semelhante resolução e maneira de pensar, para o apreço do valor de sua existência, é primeiramente tornada possível, uma vez que antes dela não se podia ainda encontrar, no sujeito, o menor sentimento de um valor moral em geral. O homem, se for virtuoso, não experimentará certamente alegria de viver se, em cada uma de suas ações, não tem consciência de sua retidão, por mais favorável que seja para ele a sorte no que se refere a seu estado físico; mas para torná-lo primeiramente virtuoso e, por conseguinte, antes mesmo que estime em tão alto grau o valor de sua existência, poder-se-ia recomendar-lhe a paz da alma que é considerada como resultante da consciência de uma retidão da qual não tem, é evidente, qualquer noção?

Por outro lado, porém, sempre se encontra aqui a causa que pode ocasionar o erro de sub-repção (*vitium subreptionis*) e, por assim dizer, uma ilusão ótica na consciência de si a propósito do que se *faz*, diversamente do que se *sente*, ilusão que até mesmo o homem mais experimentado não poderia evitar completamente. A resolução moral está necessariamente ligada com uma consciência da determinação da vontade *imediatamente pela lei*. Ora, a consciência de uma determinação da faculdade de desejar é sempre o fundamento de uma satisfação tomada da ação que é produzida com isso; mas esse prazer, essa satisfação em si mesma, não é o fundamento da determinação da ação; ao contrário, é a determinação da vontade imediatamente pela única razão que é o fundamento do sentimento de prazer e essa determinação permanece uma determinação prática pura, e não estética, da faculdade de desejar. Ora, como essa determinação produz interiormente o mesmo efeito, aquele precisamente de incitar a uma atividade, como o que produziria o sentimento da satisfação que se espera da ação desejada, resultando fácil para nós, de certo modo, definir o que praticamos nós mesmos como algo que só sentimos de um modo passivo e, por isso, confundimos o móvel moral com um impulso sensível, tal como isso geralmente sempre acontece na ilusão dos sentidos (aqui, do sentido interno).

É algo realmente sublime na natureza humana que sejamos imediatamente determinados a ações por meio de uma lei pura da razão e que chegamos até mesmo a compartilhar da ilusão que nos leva a tomar algo subjetivo nessa determinabilidade intelectual da vontade como algo estético, efeito de um sentimento particular sensível (porque um sentimento intelectual seria uma contradição). É também muito importante atrair a atenção sobre essa propriedade de nossa personalidade e cultivar da melhor forma possível o efeito da razão sobre esse sentimento. Mas é igualmente necessário ter cuidado para não rebaixar ou desfigurar por meio de um falso elogio desse fundamento moral de determinação, como um motor e, por assim dizer, com uma falsa demência, o próprio e verdadeiro motor, que é a lei em si, colocando na base daquele fundamento da determinação sentimentos de alegrias particulares (os quais, contudo, não passam de consequências). O respeito, e não o prazer ou o desfrute da felicidade, é, portanto, alguma coisa para a qual não é possível que haja um sentimento *anterior*, colocado no fundamento da razão (pois esse sentimento seria sempre estético e patológico) e, assim, a consciência da imediata compulsão da vontade pela lei é apenas análoga ao sentimento do prazer, porque na relação com a faculdade de desejar faz o mesmo, mas a partir de outras fontes; ora, é somente por esse modo de representação que se pode conseguir o que se procura, isto é, que ações não se produzem somente em conformidade com o dever (como consequência de sentimentos agradáveis), mas por dever, o que é necessário tomar como o fim verdadeiro de toda educação moral.

Mas será que não se dispõe de um vocábulo que designasse não um desfrute, como o faz a palavra felicidade, mas que indicasse, contudo, uma satisfação para nossa existência, um termo análogo da felicidade, acompanhado necessariamente pela virtude? Existe sim, e é a expressão *contentamento de si mesmo* que, no sentido próprio, nunca evoca senão uma satisfação negativa para nossa existência, com a qual se tem consciência de não ter necessidade de nada. A liberdade, e a consciência desta como um poder que temos de seguir, com uma resolução preponderante, a lei moral, é a *independência em relação às inclinações*, pelo menos como causas motrizes determinantes (mas não como *causas que nos afetam*) de nosso desejo; e enquanto tenho consciência dessa independência na observância de minhas máximas morais, ela é a única fonte de um contentamento inalterável necessariamente ligado a essa consciência, não repousando sobre nenhum sentimento particular, e esse contentamento pode ser chamado intelectual. O contentamento estético (assim impropriamente denominado) que se baseia na satisfação das inclinações, qualquer que possa ser o grau de refinamento que por sutileza se lhes empresta, jamais pode ser adequado ao que se pensa como contentamento.

De fato, as inclinações mudam, crescem na proporção do acolhimento favorável que recebem e deixam sempre um vazio ainda maior que aquele que se acreditava preencher. É por isso que elas são sempre *pesadas* para um ser racional e, mesmo que não consiga desfazer-se delas, o obrigam, contudo, a formar o desejo de se livrar delas. Mesmo uma inclinação que é conforme ao dever (por exemplo, a beneficência) pode sem dúvida concorrer em muito para a eficácia das máximas *morais*, mas não conseguiria produzir nenhuma. De fato, é necessário que tudo, nessa máxima, tenha por objetivo a representação da lei como fundamento da determinação, se a ação deve conter não simplesmente *legalidade*, mas também *moralidade*. A inclinação é cega e servil, pouco importando se é ou não inocente, e é necessário que a razão, quando se trata de moralidade, não represente somente o tutor da inclinação, mas que, sem levar em conta esta última, se preocupe, na qualidade de razão prática pura, unicamente de seu próprio interesse. Mesmo esses sentimentos da compaixão e de terna simpatia, quando precedem a reflexão sobre o que é dever e se tornam o fundamento da determinação, são pesados até mesmo para pessoas bem dispostas, lançam a perturbação em suas máximas refletidas e têm, como efeito de seu agir, desejar se livrar desses sentimentos e ficar unicamente submetidas à razão legisladora.

Com isso se pode compreender como a consciência de uma razão prática pura pode produzir pelo ato (pela virtude) uma consciência de domínio sobre nossas inclinações e, por conseguinte, de independência a seu respeito e também a respeito da insatisfação que sempre as acompanha e, portanto, produzir uma satisfação negativa do estado em que nos encontramos, ou seja, um *contentamento* que, em sua origem, é um contentamento relativo à nossa pessoa. Até a própria liberdade é suscetível de se tornar dessa maneira (isto é, indiretamente) objeto de um desfrute que não pode ser chamado felicidade, porquanto não depende da intervenção positiva de um sentimento e que não pode tampouco, para sermos mais exatos, ser denominada, *bem-aventurança*, pois não encerra uma independência total das inclinações e das necessidades, embora seja semelhante à bem-aventurança, pelo menos na medida em que a determinação da vontade por esse desfrute possa permanecer independente da influência de suas inclinações e assim possa ser, pelo menos em sua origem, análoga à propriedade de se bastar a si mesmo, a qual só pode ser atribuída ao ser supremo.

Dessa solução da antinomia da razão prática pura resulta que, nas proposições fundamentais práticas, se pode pensar, pelo menos como possível, uma ligação natural e necessária entre a consciência da moralidade e a esperança de uma felicidade proporcionada a essa moralidade, enquanto consequência desta última (mas, evidentemente, sem ser, no entanto, imediatamente conhecida e penetrada); mas disso resulta, por outro lado, que é impossível que proposições fundamentais da procura da felicidade possam produzir moralidade; disso resulta, por conseguinte, que o bem *supremo* (como a primeira condição do sumo bem) é constituído pela moralidade e, ao contrário, a felicidade constitui certamente o segundo elemento do soberano bem, mas de tal modo que é somente a consequência, moralmente condicionada e portanto necessária, da moralidade. É somente por esta subordinação que o *soberano bem* é o objeto total da razão prática pura e é necessariamente preciso que ela o represente como possível, porque é um mandamento desta fazer todo o seu possível para contribuir a produzi-lo. Uma vez que, porém, a possibilidade de semelhante ligação do condicionado com sua condição pertence inteiramente à relação suprassensível das coisas e não pode absolutamente ser dada segundo leis do mundo sensível – embora a consequência prática dessa ideia, isto é, as ações que visam a tornar efetivo o soberano bem pertencem ao mundo sensível – tentaremos expor os fundamentos dessa possibilidade relativamente, primeiro, ao que está imediatamente em nosso poder e, em seguida, ao que a razão nos oferece para suprir nossa incapacidade no tocante à possibilidade do sumo bem (necessária, segundo leis práticas) e que ainda não está em nosso poder.

3. Do Primado da Razão Prática Pura em sua Ligação com a Razão Especulativa Pura

Por primado na relação entre duas ou mais coisas ligadas pela razão, entendo a preeminência que tem uma delas por ser o primeiro fundamento da determinação da ligação com todas as outras. Num sentido prático mais restrito, significa a preeminência do interesse de uma, enquanto que o interesse das outras está subordinado ao seu (que não pode ser colocado atrás de qualquer outro). Pode-se atribuir a cada faculdade do espírito um *interesse*, isto é, um princípio que encerra a condição sob a qual somente o exercício dessa faculdade é favorecido. A razão, como faculdade dos princípios, determina o interesse de todas as forças do espírito, mas o seu, ela mesma o determina. O interesse de seu uso especulativo consiste no *conhecimento* do objeto até chegar aos princípios *a priori* mais elevados, aquele de seu uso prático na determinação da *vontade* em relação ao fim último e completo. O que é requerido para a possibilidade de um uso da razão em geral, isto é, para que os princípios e afirmações da mesma não se contradigam um ao outro, não constitui uma parte de seu interesse, mas é a condição de ter somente razão; é somente sua ampliação, não o simples acordo consigo mesma, que é computado como seu interesse.

Se a razão prática não pode admitir e pensar como dado nada mais que aquilo que a razão *especulativa* pôde, por si mesma, lhe apresentar como resultado de sua penetração, quando é para esta última que retorna o primado. Mas na suposição de que tivesse por si princípios originários *a priori*, com os quais fossem inseparavelmente ligadas certas posições teóricas que, apesar de tudo, se subtraem a toda a penetração viável da razão especulativa (ainda quando não se contradizem também com a mesma), então a questão é de saber qual interesse é mais elevado (e não qual deles deveria desaparecer diante de outro, pois um não está necessariamente em conflito com o outro): se a razão especulativa, que não conhece nada do que lhe oferece a prática para que o aceite, deva admitir essas proposições e, ainda que para ela sejam transcendentes, procurar uni-las a seus conceitos como uma posse estranha a ela transportada, ou se está autorizada a seguir tenazmente seu próprio interesse em separado e, segundo o ditame de Epicuro, a repelir como sutileza vazia tudo aquilo que não pode garantir sua realidade objetiva por meio de evidentes exemplos a apresentar na experiência, por mais ligado que esteja com o interesse do uso prático (puro) e, embora não seja contraditório também com a razão teórica, só porque realmente prejudica o interesse da razão especulativa ao abolir os limites que esta estabeleceu para si mesma, abandonando-a a todos os absurdos ou loucuras da imaginação.

Com efeito, à medida que a razão prática, enquanto patologicamente condicionada, ou seja, enquanto gera simplesmente o interesse das inclinações sob o princípio sensível da felicidade, fosse colocada como fundamento, isso não poderia de forma alguma ser exigido da razão especulativa. O paraíso de *Maomé*, ou a união por fusão dos *teósofos* e dos *místicos* com a divindade, segundo a fantasia de cada um, imporia à razão suas monstruosidades, tanto valendo não ter nenhuma razão antes de sacrificá-la de qualquer maneira a todas as divagações. Mas, se a razão pura pode ser por si mesma prática e efetivamente o é, como o atesta a consciência da lei moral, é sempre, portanto, uma única e mesma razão que, seja no aspecto teórico ou no prático, julga segundo princípios *a priori*, resultando então claro que, embora seu poder não consiga fixar no primeiro caso para estabelecer afirmativamente certas proposições, mas que, também precisamente, não a contradizem, devendo admitir esta tese, desde que essas proposições estejam *inseparavelmente ligadas ao interesse prático* da razão pura, embora como coisa estranha que não germinou em seu solo, mas que, no entanto, é suficientemente garantida, tratando-se de procurar compará-las e uni-las a tudo o que, como razão especulativa, esteja em seu poder, ainda que convenha contentar-se do fato de que não se trata ali de resultados de sua penetração, mas apenas extensões de seu uso sob outra perspectiva, isto é, a intenção prática, a qual não é precisamente contrária a seu interesse, que consiste em limitar a desmedida especulativa.

Assim, na união da razão especulativa pura com a razão prática pura em vista de um conhecimento, primado corresponde à última, pois se pressupõe que essa união não é seguramente *contingente* e arbitrária, mas fundamentada *a priori* sobre a própria razão e, portanto, *necessária*. Com efeito, sem essa subordinação, surgiria um conflito da razão consigo mesma, porque, se fossem simplesmente justapostas, em igualdade, uma à outra (coordenadas), a primeira fecharia hermeticamente sua fronteira a seu redor e não acolheria em seus domínios nada do que viesse da segunda, enquanto esta estenderia de qualquer maneira suas fronteiras sobre tudo e procuraria, sempre que sua necessidade o exigisse, a penetrar na esfera da primeira. Mas, ser subordinada à razão especulativa e, portanto, inverter a ordem, isso não pode de forma alguma ser exigido da razão prática pura, porquanto todo interesse é em definitiva prático e porque até o interesse da razão especulativa é apenas condicionado, sendo completo somente no uso prático.

4. A Imortalidade da Alma como Postulado da Razão Prática Pura

Produzir efetivamente o sumo bem no mundo é o objeto necessário de uma vontade que pode ser determinada pela lei moral. Mas nessa vontade, a *conformidade completa* das disposições para com a lei moral é a condição suprema do soberano bem. É necessário, portanto, que ela seja possível, bem como seu objeto, porque está contido no próprio mandamento que ordena a promover a este. Ora, a conformidade completa da vontade para com a lei moral é a santidade, uma perfeição de que nenhum ser racional do mundo sensível é capaz em qualquer momento de sua existência. Entretanto, como não é menos exigida do que praticamente necessária, não pode ser encontrada senão num *progresso* que vai ao *infinito* para essa conformidade completa e é necessário, segundo princípios da razão prática pura, admitir tal progressão prático como o objeto real de nossa vontade.

Esse progresso infinito só é possível, contudo, na suposição de uma *existência* e de uma personalidade desse mesmo ser racional que se estende ao *infinito* (o que se chama imoralidade da alma). Assim, portanto, o sumo bem só é praticamente viável na suposição da imoralidade da alma; por conseguinte, esta, enquanto inseparavelmente ligada à lei moral, é um *postulado* da razão prática pura (pelo qual entendo uma proposição *teórica*, mas que, como tal, não pode ser demonstrada, enquanto é inseparavelmente dependente de uma lei *prática* que possui *a priori* um valor incondicionado).

A proposição relativa ao destino moral de nossa natureza, ou seja, de não poder alcançar a conformidade completa com a lei moral a não ser num progresso que vá ao infinito, é da maior utilidade não só em relação ao real complemento da incapacidade da razão especulativa, como também com relação à religião. Na ausência dessa proposição, ou se despojaria a lei moral por completo de sua *santidade*, imaginando-a benevolente (indulgente) e assim adequada à nossa conveniência, ou então se exaltaria sua missão e, com isso, nossa expectativa até fazer dela um destino inacessível, ou seja, a aquisição completa ansiosamente esperada da santidade da vontade, divagando em sonhos *teosóficos* extravagantes, em total contradição com o conhecimento de si; essa alternativa mais não faz que obstaculizar o incessante *esforço* para obedecer pontualmente a um mandamento da razão, mandamento estrito, severo que, no entanto, não é simplesmente ideal, mas que é verdadeiro.

Para um ser racional, mas finito, só é possível o progresso ao infinito, partindo-se dos graus inferiores aos superiores da perfeição moral. Aquele *que é infinito*, para quem a condição do tempo nada representa, vê nesta série, para nós indefinida, o todo da conformidade à lei moral, e a santidade, exigida incessantemente por seu mandamento para se estar em concordância com sua justiça na participação por ele assinalada a cada um no sumo bem, deve encontrar-se inteiramente numa única intuição intelectual da existência de seres racionais. O que somente pode corresponder à criatura, relativamente à esperança dessa participação, seria a consciência de sua resolução experimentada, o que lhe permitiria, a partir do progresso já realizado desde um estado pior para um estado moralmente melhor, e a partir da intenção invariável de que teve por isso mesmo conhecimento, esperar uma continuação ulterior ininterrupta desse progresso, qualquer que possa ser a duração de sua existência, e mesmo para além desta vida[1], e ser assim, certamente nunca aqui na terra ou em qualquer momento futuro previsível da própria existência, mas somente na infinidade de sua duração (que somente Deus pode abranger), completamente adequada à vontade de Deus (sem indulgência nem remissão incompatíveis com a justiça).

---

(1) A *convicção* da invariabilidade de sua intenção no progresso para o bem parece, contudo, uma coisa praticamente impossível para uma criatura considerada em si mesma. É por isso que a doutrina da religião cristã faz essa convicção provir unicamente do próprio espírito que opera a santificação, isto é, do firme propósito e, com ele, da consciência da perseverança no progresso moral. Mas é evidente também que aquele que tem consciência de ter perseverado até o fim de sua vida no progresso para o bem e agido na verdade a partir de fundamentos autenticamente morais, pode ter a consoladora esperança, mesmo que não seja a certeza, de que vai perseverar no apego a essas proposições fundamentais, mesmo numa existência prolongada para além desta vida e, embora nunca seja aqui na terra justificado a seus próprios olhos, nem que possa jamais esperar sê-lo com o crescimento a se realizar ansiosamente esperado da perfeição de sua natureza, pois ela significa também aquele de seus deveres, pode, no entanto, nesse progresso que, embora se refira a um objetivo que remonta ao infinito, equivale contudo para Deus a uma posse, ter a perspectiva de ter um futuro de *beatitude*; pois, é a expressão de que se serve a razão para designar um *bem-estar* perfeito, independente de todas as causas contingentes do mundo, sendo, precisamente como a *santidade*, uma ideia que só pode estar contida num progresso infinito e na totalidade deste, por conseguinte, que nunca é alcançada completamente pela criatura.

5. A Existência de Deus como Postulado da Razão Prática Pura

A lei moral, na análise precedente, conduziu à tarefa prática que, sem o concurso de qualquer motor sensível, é prescrita unicamente pela razão pura, ou seja, aquela da necessária perfeição da primeira e principal parte do soberano bem, a *moralidade* e, como essa tarefa só pode ser completamente realizada numa eternidade, nos conduziu também ao postulado da *imortalidade*. É necessário que essa mesma lei nos conduza também à possibilidade do segundo elemento do sumo bem, isto é, a *felicidade*, adequada a essa moralidade, e isso da mesma maneira tão desinteressada como precedentemente a partir da simples razão imparcial, o que significa que conduza à suposição da existência de uma causa adequada a esse efeito, ou seja, a postular a *existência de Deus* como necessariamente ligada à possibilidade do sumo bem (objeto de nossa vontade que está necessariamente ligado à legislação moral da razão pura). Vamos expor esta relação de uma forma convincente.

A *felicidade* é o estado, no mundo, de um ser racional para quem, em toda a sua existência, *tudo corre segundo seus desejos e segundo sua vontade*; baseia-se, por conseguinte, na concordância da natureza com a finalidade total a que se propõe e, por isso mesmo, com o fundamento essencial da determinação de sua vontade. Ora, a lei moral, como lei da liberdade, ordena por meio dos fundamentos da determinação que devem ser inteiramente independentes da natureza e da concordância desta com nossa faculdade de desejar (como motor); no mundo, contudo, o ser racional agente não é manifestamente ao mesmo tempo causa do mundo e da própria natureza. Não há, portanto, na lei moral o menor fundamento em vista de uma relação necessária entre a moralidade e a felicidade, que lhe é proporcionada, de um ser pertencente como parte ao mundo e que, por isso mesmo, depende dela e que justamente por isso não pode, por sua vontade, ser causa dessa natureza e não pode, no tocante à sua felicidade, colocar essa natureza, por meio de suas próprias forças, completamente em concordância com suas proposições fundamentais práticas.

Entretanto, na tarefa prática da razão pura, isto é, no necessário esforço para trabalhar em vista do soberano bem, semelhante relação é postulada como necessária: *devemos* tratar de promover o sumo bem (que, portanto, deve ser possível). Desse modo se postula também a existência de uma causa de toda a natureza, distinta da natureza e que encerra o fundamento dessa relação, isto é, da concordância exata entre a felicidade e a moralidade. Ora, essa causa suprema deve conter o fundamento da concordância da natureza, não só com uma lei da vontade dos seres racionais, mas também com a representação dessa lei, quando estes a colocam como *fundamento supremo da determinação da vontade* e, por conseguinte, não somente com os costumes de maneira formal, mas também com sua moralidade como o fundamento que as põe em movimento, ou seja, com sua resolução moral. O sumo bem, portanto, não é possível no mundo se não se admitir uma causa suprema da natureza que exerce uma causalidade conforme à resolução moral. Ora, um ser que é capaz de ações segundo a representação de leis é uma *inteligência* (um ser racional) e a causalidade de semelhante ser segundo essa representação das leis é sua *vontade*. A causa suprema da natureza, portanto, enquanto for necessário supô-la para o sumo bem, é um ser que, pelo *entendimento* e pela *vontade*, constitui a causa (por conseguinte, o autor) da natureza, isto é, *Deus*. Por conseguinte, o postulado da possibilidade do *sumo bem derivado* (do melhor mundo) é ao mesmo tempo o postulado da realidade efetiva de um *soberano bem originário*, isto é, da existência de Deus. Ora, era um dever para nós promover o sumo bem; por isso, não era somente um direito, mas também uma necessidade ligada, como exigência, ao dever, de supor a possibilidade desse soberano bem que, porquanto não pode se efetuar senão sob a condição da existência de Deus, liga inseparavelmente com o dever a suposição dessa existência, o que quer dizer que é moralmente necessário admitir a existência de Deus.

Ora, é realmente necessário observar aqui que essa necessidade moral é *subjetiva*, ou seja, é uma necessidade, e não *objetiva*, isto é, que ela própria não é um dever, porquanto não pode de forma alguma haver dever em admitir a existência de uma coisa (dado que isto só interessa ao uso teórico da razão). Tampouco se quer dizer com isso que é necessário admitir a existência de Deus *como um fundamento de toda obrigação em geral* (pois, esse fundamento, como ficou demonstrado de maneira suficiente, tem sua base exclusivamente na autonomia da própria razão). O que aqui só implicar dever é trabalhar para produzir e promover o soberano bem no mundo, sumo bem cuja possibilidade pode, portanto, ser postulada, mas que nossa razão não julga pensável de outra forma senão supondo uma inteligência suprema; admitir a existência desta está, portanto, relacionado com a consciência de nosso dever, ainda quando esta mesma admissão pertença à razão teórica, unicamente diante da qual pode, considerado como fundamento da explicação, ser chamado uma *hipótese*, mas em relação com a compreensibilidade de um objeto que nos é seguramente imposto como tarefa pela lei moral (o sumo bem), por conseguinte, de uma necessidade numa intenção prática, pode ser chamado uma *crença* e, mais precisamente, uma pura *crença racional*, porque somente a razão pura (tanto considerada segundo o uso teórico como o prático) é a fonte de onde ele emana.

Com esta *dedução* se compreende agora porque as escolas *gregas* nunca puderam chegar à solução de seu problema da possibilidade prática do sumo bem; é que elas faziam sempre da regra do uso que a vontade do homem faz de sua liberdade, o único e por si só suficiente fundamento dessa possibilidade, sem necessitar para isso, segundo sua opinião, da existência de Deus. Certamente elas tinham razão ao estabelecer o princípio da moral por si, independentemente desse postulado, a partir da relação da razão em si com a vontade e, por conseguinte, fazer dessa relação a condição prática *suprema* do soberano bem; mas nem por isso era a condição *completa* da possibilidade do mesmo. Os epicuristas tinham admitido certamente, como princípio supremo da moral, um princípio totalmente falso, ou seja, aquele da felicidade e tinham substituído uma lei por uma máxima de escolha arbitrária, ao sabor da inclinação de cada um; mas, apesar de tudo, procederam de *maneira* suficientemente *coerente*, rebaixando seu sumo bem em proporção à mediocridade de sua proposição fundamental e não esperando nenhuma felicidade maior do que aquela que possa ser obtida pela prudência humana (que requer também temperança e moderação das inclinações), felicidade que, como se sabe, só pode ser bastante mesquinha e muito variável segundo as circunstâncias, sem mesmo contar as exceções que tinham de incessantemente conceder em suas máximas e que as tornavam impróprias para servir como leis.

Os *estoicos*, ao contrário, tinham escolhido muito bem seu princípio prático supremo, a saber, a virtude, com condição do soberano bem; mas ao apresentar o grau de virtude que é exigido pela lei pura, como completamente realizável nesta vida, tinham não só exagerado o poder moral do *homem*, sob o nome de *sábio*, para além de todos os limites de sua natureza e admitido algo que contradiz todo o nosso conhecimento do homem, mas também, e antes de tudo, não quiseram reconhecer o segundo *elemento constitutivo* do sumo bem, isso é, a felicidade, um objeto original da faculdade humana de desejar, para tornar, ao contrário, seu *sábio*, semelhante a uma divindade na consciência da excelência de sua pessoa, totalmente independente da natureza (no que se refere a seu contentamento), expondo-o certamente a males da vida, mas não o submetendo a eles (ao mesmo tempo que também o apresentavam como livre do mal), e assim deixaram efetivamente de lado o segundo elemento do sumo bem, a felicidade pessoal, colocando-a somente na atividade e no contentamento que seu próprio valor proporciona e incluindo-a, portanto, na consciência do modo de pensar moral, em que, no entanto, poderiam ser amplamente refutados pela voz de sua própria natureza.

A doutrina do cristianismo[2], mesmo que não fosse considerada como doutrina religiosa, fornece nesse ponto um conceito do soberano bem (do reino de Deus) que satisfaz unicamente às exigências mais rigorosas da razão prática. A lei moral é santa (inflexível) e exige a santidade dos costumes, embora toda a perfeição moral a que o homem possa chegar constitua sempre virtude, isto é, resolução conforme à lei por *respeito* pela lei e , por conseguinte, consciência de um pendor contínuo à transgressão, ou pelo menos de uma impureza, isto é, à introdução de numerosos fundamentos inautênticos (não morais) para nos impelir a observar a lei, portanto, uma estima de si mesmo unida à humildade e que não deixa a lei moral à criatura, com relação à santidade que a lei cristã exige, nada mais que um progresso ao infinito, mas, precisamente por isso, justifica também na criatura a esperança de uma duração de sua existência que se estende ao infinito.

---

(2) Habitualmente se pensa que os preceitos cristãos sobre a moral não levam qualquer vantagem, no que se refere à sua pureza, sobre o conceito moral dos estoicos; mas a diferença entre ambas as doutrinas, contudo, é evidente. O sistema estoico fazia da consciência da fortaleza da alma o eixo em torno do qual deviam girar todas as resoluções morais e, se os seguidores desse sistema falavam realmente de deveres, determinando-os até muito bem, colocavam, no entanto, o motor e o verdadeiro fundamento da determinação da vontade numa elevação do modo de pensar acima dos motores dos sentidos, inferiores e fortes apenas diante da fraqueza da alma. A virtude era, portanto, para eles certo heroísmo do *sábio* que se eleva acima da natureza animal do homem, sábio que está ele próprio à altura desse heroísmo e que, sem dúvida, apresenta aos outros deveres, mas que ele próprio está acima deles e não está sujeito a nenhuma tentação de transgredir a lei moral. Mas nada disso poderiam ter feito se tivessem representado essa lei para si próprios com a pureza e a severidade com que a representa o Evangelho. Se eu entendo por *ideia* uma perfeição para a qual nada pode ser dado adequadamente na experiência, nem por isso as ideias morais são algo de transcendente, isto é, tais que nunca possamos determinar suficientemente nem mesmo seu conceito, ou que é incerto que um objeto corresponde realmente ao conceito, como ocorre com as ideias da razão especulativa, mas que servem, contudo, como protótipos da perfeição prática, de regra indispensável da conduta moral e, ao mesmo tempo, de *medida de comparação*. Se considerasse agora a *moral cristã* sob o ponto de vista filosófico, surgiria, ao compará-la com as ideias das escolas gregas, do seguinte modo: as ideias dos *cínicos*, dos *epicuristas*, dos *estoicos* e dos *cristãos* são a *simplicidade natural*, a *prudência*, a *sabedoria* e a *santidade*. Em relação ao caminho a seguir para chegar a isso, os filósofos gregos se distinguiam uns dos outros no fato de que os cínicos achavam suficiente o *entendimento humano comum*, os outros somente o *caminho da ciência*, mas todos julgavam suficiente, contudo, para chegar a isso o simples *uso das forças naturais*. A moral cristã, ao estabelecer seu preceito (como deve ser feito) com tanta pureza e severidade, tira do homem a confiança em seu poder de ser completamente adequado a ele, pelo menos na vida presente, mas ela também encoraja, por outro lado, essa confiança ao nos permitir esperar que, se agirmos tão bem quanto estiver em nosso *poder*, o que não está ainda em nosso poder nos será concedido como acréscimo, saibamos ou não de que maneira. Aristóteles e Platão só se distinguiam no que diz respeito à *origem* de nossos conceitos morais.

O *valor* de uma resolução *inteiramente* conforme à lei moral é infinito, porque toda a felicidade possível, no juízo de um dispensador sábio e onipotente dessa mesma felicidade, não é limitada por nada mais que pela deficiência na conformidade de seres racionais a seu dever. Mas a lei moral por si não promete felicidade alguma, porque esta, segundo os preceitos de uma ordem natural em geral, não está necessariamente ligada à observância dessa lei. Ora, a doutrina moral cristã supre essa falta (do indispensável segundo elemento constitutivo do sumo bem) por medo da apresentação do mundo, onde os seres racionais se consagram à lei moral com toda alma, como um *reino de Deus*, no qual a natureza e a moralidade formam, graças a um santo autor que torna possível o soberano bem derivado, uma harmonia estranha a cada elemento tomado em si. A *santidade* dos costumes já lhes é imposta nesta vida como uma regra, mas o bem-estar proporcionado a essa santidade, a *beatitude*, é representada como podendo ser alcançada numa eternidade, porque é necessário que *aquela*, a santidade, seja sempre o protótipo de sua conduta em cada situação e que o progresso para ela é possível e necessário já nesta vida, enquanto que esta, a *bem-aventurança*, sob o nome de felicidade, não pode ser em absoluto alcançada neste mundo (enquanto isso depender de nosso poder), e constitui, por essa razão, somente um objeto de esperança. Apesar disso, o princípio cristão da *moral* não é em si mesmo teológico (por conseguinte, heteronomia), mas é a autonomia da razão prática pura, tomada em si mesma, porque essa moral faz do conhecimento de Deus e de sua vontade o fundamento, não dessas leis, mas somente da esperança de alcançar o soberano bem, sob a condição de observá-las, e que coloca até o verdadeiro *motor* da observância dessas leis não nas consequências desejadas dessa observância, mas somente na representação do dever, porquanto ser digno de aproveitar daquelas não pode consistir senão na fiel observância deste.

Desse forma, a lei moral conduz, por meio do conceito do sumo bem como objeto e fim último da razão prática pura, à religião, isto é, *ao conhecimento de todos os deveres como mandamentos divinos, não como sanções, ou seja, ordens arbitrárias e por si mesmas contingentes de uma vontade estranha*, mas como *leis* essenciais de toda vontade livre por si mesma, sendo necessário, contudo, considerá-las como mandamentos do ser supremo, porque não podemos esperar senão de uma vontade moralmente perfeita (santa e boa) e ao mesmo tempo todo-poderosa o soberano bem que a lei moral projeta como um dever colocar-nos qual objeto de nossos esforços e que, por conseguinte, não podemos esperar a alcançá-lo senão pela concordância com essa vontade. Aqui igualmente tudo permanece, portanto, desinteressado e fundamentado somente no dever, sem que seja necessário tomar por fundamento motores como o temor ou a esperança, as quais, ao serem erigidas em princípios, aniquilam todo o valor moral das ações. A lei moral me ordena fazer do sumo bem possível no mundo o objeto derradeiro de toda a minha conduta. Mas não posso esperar produzi-lo como efeito senão pela concordância de minha vontade com aquela de um autor do mundo, santo e bom; e ainda que *minha própria felicidade* esteja compreendida no conceito do sumo bem, como naquele de um todo em que a maior felicidade esteja representada como ligada, na mais exata proporção, com o grau mais elevado de perfeição moral (possível nas criaturas), não é, contudo, ele, mas a lei moral (que limita, ao contrário, estritamente a certas condições meu desejo ilimitado de felicidade) que é o fundamento da determinação da vontade imposto para promover o sumo bem.

É por isso também que a lei moral não é propriamente a doutrina que nos ensina como devemos nos *tornar* felizes, mas como devemos nos tornar *dignos* da felicidade. Somente depois, quando a religião se acrescenta a isso, aponta a esperança de ter um dia parte na felicidade na medida em que cuidamos de não ser indignos dela.

Alguém é *digno* da posse de uma coisa ou de um estado quando o fato de estar de posse está em harmonia com o sumo bem. Pode-se compreender agora facilmente que aquilo que nos torna dignos depende da conduta moral, porque esta constitui, no conceito do sumo bem, a condição do remanescente (do que pertence ao estado da pessoa), isto é, da participação da felicidade. Disso se segue, portanto, que nunca se deve tratar a moral em si como *doutrina da felicidade*, isto é, como ensinamento referente à maneira de ter parte na felicidade, porquanto seu único objetivo é a condição racional (*conditio sine qua non*) desta última, não o meio de adquiri-la. Mas quando esta condição (impondo apenas deveres e não dando regras de prudência para a satisfação de desejos egoístas) foi inteiramente exposta, só então, depois que despertou o desejo moral que se baseia numa lei, de promover o sumo bem (de fazer chegar o reino de Deus), desejo que não poderia nascer antes em qualquer alma egoísta, e depois que, em vista desse desejo, o passo para a religião foi franqueado, essa doutrina moral pode ser chamada também doutrina da felicidade, porque a *esperança* dessa felicidade só começa com a religião.

Pode-se também compreender com isso que, se for perguntado qual é o *fim último de Deus* na criação do mundo, não se deve citar a *felicidade* dos seres racionais neste mundo, mas o *soberano bem* que, ao desejo desses seres, acrescenta ainda uma condição, ou seja, aquela de ser dignos da felicidade, isto é, a *moralidade* desses mesmos seres racionais, que só ela contém a medida segundo a qual eles podem unicamente esperar, pela mão de um *sábio* autor do mundo, ter parte na felicidade. De fato, como a *sabedoria*, considerada teoricamente, signifique o *conhecimento do sumo bem* e, considerada praticamente, a *conformidade da vontade ao sumo bem*, não se pode, portanto, atribuir a uma sabedoria suprema independente um fim que se fundamentasse unicamente na *bondade*. De fato, não se pode conceber o efeito da bondade (relativamente à felicidade dos seres racionais) como conforme ao soberano bem original senão sob a condição restritiva do acordo com a *santidade*[3] da vontade de Deus. É por isso que aqueles que colocaram o fim da criação na glória de Deus (sob a condição de que não se pense esta de maneira antropomórfica como inclinação querer ser elogiado) encontraram, sem dúvida, a melhor expressão. De fato, nada é para a maior glória de Deus do que aquilo que é mais apreciável no mundo: o respeito por seu mandamento, a observância do santo dever que sua lei nos impõe, quando seu admirável projeto vem coroar uma ordem tão bela por uma felicidade proporcional. Se este último aspecto o torna amável (para falar a linguagem dos homens) é, por causa da primeira, objeto de um culto (adoração). Até os homens podem, por seus benefícios, ser dignos de amor, mas nunca, somente por meio deles, do respeito, de modo que a maior beneficência só os honra quando exercida com dignidade.

Que, na ordem dos fins, o homem (e com ele, todo o ser racional) seja um *fim em si mesmo*, isto é, não possa nunca ser utilizado por alguém (nem mesmo por Deus) simplesmente como meio, sem que seja ao mesmo tempo ele mesmo, por sua vez, um fim, que seja necessário, portanto, que a *humanidade* em nossa pessoa seja *santa* para nós mesmos, é uma consequência que, no presente, se deduz por si mesma, porque o homem é o *sujeito* da *lei moral* e, por conseguinte, do que é

---

(3) A propósito disso e para ressaltar a singularidade desses conceitos, só quero observar isto ainda: quando se atribuem a Deus diversos atributos cuja qualidade pode ser também apropriada às criaturas, salvo que nele alcançam um grau mais elevado, por exemplo, o poder, a ciência, a presença, a bondade, etc., isso sob a denominação de onipotência, onisciência, onipresença, bondade suprema, etc., existem, contudo, três que são atribuídos a Deus e, contudo, sem adjetivo de grandeza e que são todos morais: ele é o *único santo*, o *único bem-aventurado*, o *único sábio*, porque estes conceitos já implicam a ausência de limites. Segundo a ordem desses atributos, ele é também o *santo legislador* (e criador), o *bondoso governante* (e conservador) e o *justo juiz*, três atributos que encerram em si tudo o que faz de Deus o objeto da religião e aos quais vêm se acrescentar por si mesmas na razão, em conformidade com eles, as perfeições metafísicas.

Crítica da Razão Prática

santo em, do que permite chamar santo a tudo o que com isso e por causa disso estiver de acordo. De fato, essa lei moral se fundamenta na autonomia de sua vontade porquanto é uma vontade livre e é preciso que esta, segundo suas leis universais, possa necessariamente *concordar* ao mesmo tempo que deve *se submeter*.

6. SOBRE OS POSTULADOS DA RAZÃO PRÁTICA PURA EM GERAL

Todos os postulados partem da proposição fundamental da moralidade, que não é um postulado, mas uma lei pela qual a razão determina imediatamente a vontade, a qual, pelo fato mesmo de estar assim determinada, exige, como vontade pura, essas condições necessárias à observância de seu preceito. Esses postulados não são dogmas teóricos, mas *pressupostos* sob uma relação prática necessária; não se ampliam, portanto, seguramente o conhecimento especulativo, mas conferem às ideias da razão especulativa *em geral* (por meio de sua relação com o que é prático) realidade objetiva e lhe conferem o direito de elaborar conceitos que sem isso não poderia pretender afirmar somente sua possibilidade.

Esses postulados são os da *imortalidade*, da *liberdade*, considerada positivamente (como a causalidade de um ser enquanto pertence ao mundo inteligível) e da *existência de Deus*. O *primeiro* decorre da condição praticamente necessária da apropriação da duração à integralidade do cumprimento da lei moral; o *segundo*, do necessário pressuposto da independência a respeito do mundo sensível e do poder de determinação de nossa vontade, segundo a lei de um mundo inteligível, isto é, da liberdade; o *terceiro*, da necessidade da condição de semelhante mundo inteligível que, para ser o sumo bem, requer a pressuposição do sumo bem independente, ou seja, da existência de Deus.

A aspiração ao sumo bem, tornada necessária pelo respeito à lei moral, com o pressuposto que dele decorre da realidade objetiva desse bem soberano, conduz, portanto, por meio de postulados da razão prática, a conceitos que a razão especulativa podia certamente apresentar como problemas, mas que não conseguia resolver. Portanto: 1.º – Ela conduz ao problema em cuja solução a razão especulativa não podia cometer senão *paralogismos* (isto é, aquele da imoralidade), porque faltava aqui o critério da persistência para contestar o conceito psicológico de um sujeito derradeiro, atribuído necessariamente à alma na consciência de si, até fazer dele a representação real de uma substância, coisa que a razão prática chega a fazer por meio do postulado de uma duração requerida pela conformidade com a lei moral no sumo bem, como fim total da razão prática. 2.º – Ela conduz ao conceito de que a razão especulativa não comportava outra coisa que a *antinomia*, antinomia de que não conseguia fundamentar a solução senão num conceito, de certo problematicamente imaginável, mas não demonstrável e determinável por ela quanto à sua realidade objetiva, isto é, a ideia *cosmológica* de um mundo inteligível e a consciência de nossa existência neste mundo por meio do postulado da liberdade (liberdade cuja realidade a razão prática expõe por meio da lei moral, expondo ao mesmo tempo com essa diferença a lei de um mundo inteligível, que a razão especulativa só podia assinalar, mas do qual não podia determinar o conceito). 3.º – Ela confere significação (numa intenção prática, isto é, enquanto condição de possibilidade do objeto de uma vontade determinada por essa lei) ao que era necessário à razão especulativa pensar, mas também, como simples *ideal* transcendental, deixar indeterminado, isto é, o conceito *teológico* do ser original como princípio supremo do sumo bem num mundo inteligível por meio de uma legislação moral todo-poderosa neste último.

Mas nosso conhecimento se encontra desde então efetivamente ampliado dessa maneira pela razão prática pura e o que era *transcendente* para a razão especulativa é *imanente* com a razão prática? Indubitavelmente, mas *somente numa visão prática*. De fato, não conhecemos com isso nem a natureza de nossa alma, nem o mundo inteligível, nem o ser supremo, como são em si mesmos, mas somente reunimos seus conceitos no conceito *prático* do *sumo bem*, como objeto de nossa vontade, e isso completamente *a priori* pela razão pura, mas unicamente por meio da lei moral e também somente em relação com essa lei a respeito do objeto por ela ordenado. Mas quanto a saber como a liberdade é somente possível e como teórica e positivamente se deve representar esse tipo de causalidade, é coisa que não se pode compreender realmente, mas somente que uma liberdade existe, postulada pela lei moral e em vista desta. Ocorre o mesmo com as outras ideias, de que nenhum entendimento humano poderá alguma vez aprofundar quanto à sua possibilidade, mas também que nenhuma sofística jamais vai admitir, contra a convicção do homem, mesmo do mais comum, que não sejam verdadeiros conceitos.

7. Como é Possível Conceber, numa Intenção Prática, uma Ampliação da Razão Pura que não Seja ao mesmo Tempo uma Ampliação de seu Conhecimento como Conhecimento Especulativo

Para não nos tornarmos demasiado abstratos, vamos resolver essa questão, aplicando-a imediatamente ao caso presente. – Para ampliar *praticamente* um conhecimento puro, deve ser dada uma intenção *a priori*, isto é, um fim como objeto (da vontade) que, independentemente de todas as proposições fundamentais teóricas, seja representado como praticamente necessário por um imperativo que determine imediatamente a vontade (imperativo categórico); e esse objeto é aqui o *sumo bem*. Ora, este não é possível sem pressupor três conceitos teóricos (para os quais, uma vez que são simples conceitos puros da razão, não se pode encontrar qualquer intuição correspondente nem, por conseguinte, pela via teórica, qualquer realidade objetiva): são a liberdade, a imortalidade e Deus.

A possibilidade, portanto, desses objetos da razão especulativa, a realidade objetivo que esta última não podia lhes assegurar, é postulada pela lei prática que ordena a existência do sumo bem num mundo; com isso então o conhecimento teórico da razão pura recebe sem dúvida um acréscimo, mas que consiste simplesmente em que esses conceitos, que de outra forma são problemáticos para ela (simplesmente imagináveis), são agora afirmados categoricamente como esses conceitos aos quais correspondem efetivamente objetos, porque a razão prática necessita inevitavelmente da existência dos mesmos para a possibilidade de seu objeto, o qual é até na prática absolutamente necessário, o soberano bem, e que a razão teórica tem o direito, portanto, de supô-los. Essa ampliação da razão teórica não é , contudo, uma ampliação da especulação, ou seja, uma ampliação de que se possa fazer doravante, numa *intenção teórica*, um uso positivo. Com efeito, como a razão prática não fez mais nessa ocasião do que mostrar que esses conceitos são reais e que têm realmente seus objetos (possíveis), mas que com isso nada nos é dado em matéria de intuições desses mesmos objetos (o que não pode tampouco ser exigido), nenhuma proposição sintética é, portanto, possível graças a essa realidade que lhes é reconhecida. Por conseguinte, essa abertura não nos ajuda em nada para ampliar nosso conhecimento pela razão pura numa intenção especulativa, mas ela o amplia seguramente com relação ao uso prático da razão pura.

As três ideias da razão especulativa mencionadas anteriormente não são ainda em mesmas conhecimentos, mas são *pensamentos* (transcendentes), nas quais nada há de impossível. Ora, por meio de uma lei prática apodítica, como condições necessárias da possibilidade daquilo que esta lei manda *considerar como objeto*, recebem realidade objetiva, isto é, por meio dessa lei compreendemos que as *ideias encerram objetos* sem poder, contudo, mostrar como seu conceito se refere a um objeto, não sendo isso, porém, ainda um conhecimento *desses objetos*, pois com isso não se torna possível julgar nada sinteticamente acerca deles nem determinar teoricamente a aplicação dessas ideias, portanto, não se pode fazer deles qualquer uso racional teórico, sabendo que é nisso que consiste propriamente todo conhecimento especulativo da razão. Entretanto, o conhecimento teórico, *não certamente desses objetos*, mas da razão em geral, foi ampliado com isso na medida em que, apesar de tudo, *objetos* foram *dados* a essas ideias pelos postulados práticos, porquanto um pensamento simplesmente problemático adquiriu com isso somente realidade objetiva. Desse modo, não era nenhuma ampliação do conhecimento de *objetos suprassensíveis dados*, mas só uma ampliação da razão teórica e do conhecimento desta em relação ao suprassensível em geral, enquanto a razão foi obrigada a admitir que *existem tais objetos* sem poder determiná-los com mais precisão e, por conseguinte, sem poder ampliar o conhecimento desses objetos (que lhe foram dados agora por um fundamento prático e também somente em vista de um uso prático); esse crescimento, portanto, da razão teórica pura, para a qual todas essas ideias são transcendentes e sem objeto, é devido a seu poder prático puro.

Essas ideias se tornam aqui *imanentes* e *constitutivas*, porque são os fundamentos da possibilidade de *tornar efetivamente real o objeto necessário* da razão prática pura (o sumo bem), enquanto que sem isto elas são *transcendentes* e simples *princípios reguladores* da razão especulativa, que não lhe impõem admitir um novo objeto para além da experiência, mas apenas aproximar da totalidade seu próprio uso na experiência. Mas uma vez que a razão está de posse desse acréscimo, lhe será necessário, como razão especulativa (de fato, unicamente para assegurar seu uso prático), pôr-se ao trabalho com essas ideias negativamente, ou seja, em vista não de uma ampliação, mas de um esclarecimento, para afastar, por um lado, o *antropomorfismo* como a fonte da *superstição* ou como ampliação aparente desses conceitos por uma pretensa experiência e, por outro lado, o *fanatismo* que promete a ampliação desses conceitos por meio de uma intuição suprassensível ou por meio de sentimentos desse gênero; todos eles constituem obstáculos do uso prático da razão pura, obstáculos cuja remoção pertence faz realmente parte da ampliação de nosso conhecimento numa intenção prática, sem que essa ampliação seja contradita pelo fato de confessar ao mesmo tempo que a razão, em sua intenção especulativa, nada lucrou com isso.

Para todo uso da razão em relação a um objeto são requeridos conceitos puros do entendimento (*categorias*), sem os quais não podemos pensar qualquer objeto. Esses conceitos podem ser aplicados somente ao uso teórico da razão, isto é, ao conhecimento desses objetos, sob a condição, no entanto, que uma intuição (que é sempre sensível) possa ao mesmo tempo lhes ser submissa e, portanto, somente para representar por eles um objeto da experiência possível. Ora, aqui as *ideias* da razão, que não podem ser dadas em nenhuma experiência, são precisamente o que necessitaria pensar, por meio de categorias, para conhecê-lo. Entretanto, não se trata aqui do conhecimento teórico dos objetos dessas ideias, mas somente de estabelecer que elas simplesmente têm objetos. Essa realidade lhes é proporcionada pela razão prática pura, não tendo nada que ver com isso a razão teórica, salvo quando lhe é dado *pensar* simplesmente esses objetos por meio de categorias, o que é perfeitamente possível, como o demonstramos claramente, sem que haja necessidade de intuição (nem sensível nem suprassensível), porque as categorias têm sua localização e sua origem no entendimento puro, independentemente de toda intuição e anteriormente a toda intuição, somente como faculdade de pensar, significando elas sempre só um objeto em geral, *seja qual for o modo com que possa definitivamente ser dado a nós*. Ora, sem dúvida não é possível dar às categorias, enquanto devem ser aplicadas a essas ideias, um objeto na intuição; mas que semelhante objeto existe efetivamente, por conseguinte, que a categoria como simples forma do pensamento não é aqui vazia, mas tenha um significado, isso lhes é suficientemente garantido, contudo, por um objeto que a razão prática propõe indubitavelmente no conceito do sumo bem e, portanto, está assegurada a *realidade dos conceitos* que fazem parte daquilo que é requerido pela possibilidade do sumo bem, sem que, no entanto, seja produzida, por esse acréscimo, a menor ampliação do conhecimento, segundo princípios teóricos.

Se, além disso, essas ideias de Deus, de um mundo inteligível (do reino de Deus) e da imoralidade são determinadas por meio de predicados deduzidos de nossa própria natureza, não se pode considerar essa determinação nem como *representação sensível* dessas ideias puras da razão (antropomorfismo) nem como um conhecimento transcendente de objetos *suprassensíveis*; com efeito, esses predicados não são outra coisa que a inteligência e a vontade e considerados mais precisamente nessa relação recíproca na qual é necessário pensá-los na lei moral, portanto, somente enquanto é feito deles um uso prático puro. De tudo o que, por outra, se liga psicologicamente a esses conceitos, ou seja, à medida que observamos empiricamente essas faculdades, que são nossas, *em seu exercício* (por exemplo, que o entendimento do homem é discursivo, que suas representações são, portanto, pensamentos e não intuições, que elas se sucedem no tempo, que sua vontade tem sempre sua satisfação dependente da existência de seu objeto, etc., fatos esses que não ocorrem desse modo no ser supremo) é feita então abstração; e assim, conceitos pelos quais pensamos para nós um ser do entendimento puro, nada mais do que é exigido precisamente para a possibilidade de conceber uma lei moral e, por conseguinte, certamente um conhecimento de Deus, mas somente em relação à prática. Por isso, se tentarmos ampliar esse conhecimento para fazer dele um conhecimento teórico, obtemos para Deus um entendimento que não pensa, mas *que é intuitivo*, uma vontade que se dirige a objetos da existência dos quais não depende, nem em parcela mínima, sua satisfação (nem ao menos pretendo mencionar os predicados transcendentais, como, por exemplo, uma ampla existência, ou seja, uma duração, mas que não se manifesta no tempo, único meio possível para representar a existência como grandeza), atributos todos dos quais não podemos nos formar nenhum conceito que sirva para o *conhecimento* do objeto, o que nos ensina também que eles não podem nunca servir para uma *teoria* dos seres suprassensíveis e, portanto, não podem, nesse particular, estabelecer qualquer conhecimento especulativo, mas que seu uso se limita exclusivamente ao exercício da lei moral.

O que acaba de ser dito é tão evidente e pode, pelo próprio fato, ser demonstrado tão claramente que se pode tranquilamente desafiar todos os pretensos *eruditos em teologia natural* (um designativo singular)[4] para citar pelo menos um só desses atributos que determinam seu objeto (fora dos predicados puramente ontológicos), seja do entendimento, seja da vontade,

---

(4) A *erudição* não é propriamente senão um conjunto de ciências *históricas*. Por conseguinte, só se pode chamar de *erudito em teologia* um professor de teologia revelada. Mas se também se quisesse chamar erudito aquele que domina as ciências racionais (matemática e filosofia), embora isso já se opusesse ao próprio sentido da palavra (pois esta compreende na erudição somente o que se deve absolutamente *ensinar* e que não se pode, portanto, descobrir por si mesmo, graças à razão), então o filósofo, com seu conhecimento de Deus como ciência positiva, teria feito um papel bem pouco edificante para receber por causa disso o título de erudito.

sem que se possa demonstrar em seguida de modo irrefutável que, retirando tudo o que for antropomorfismo, não nos reste mais que a simples palavra, sem poder religar a essa palavra o menor conceito, graças ao qual se pudesse esperar uma ampliação do conhecimento teórico. Mas em relação ao que é prático, ainda nos resta desses atributos de um entendimento e de uma vontade, o conceito de uma relação ao qual a lei moral (que determina precisamente *a priori* essa relação do entendimento com a vontade) confere realidade objetiva. Uma vez que isso ocorreu, o conceito do objeto de uma vontade moralmente determinada (o conceito do sumo bem), e com ele as condições de sua possibilidade, as ideias de Deus, de liberdade e de imortalidade, são conferidas também de realidade, mas sempre somente em relação com a prática da lei moral (e não em vista de qualquer especulação que seja).

Depois dessas observações, torna-se fácil agora encontrar também a resposta à importante questão de saber *se o conceito de Deus é um conceito pertencente à física* (por conseguinte, também à metafísica, enquanto esta encerra somente os princípios puros *a priori* da primeira em seu sentido universal) *ou à moral. Explicar* as disposições da natureza, ou suas mudanças, recorrendo a Deus como autor de todas as coisas, não é pelo menos uma explicação física e é em geral a confissão de que é ali onde a filosofia termina sua tarefa, porquanto se é obrigado a admitir algo cujo conceito não se encerra em si mesmo, para poder formar um conceito da possibilidade daquilo que se tem diante dos olhos. Entretanto, alcançar pela metafísica, *por meio de raciocínios conclusivos* do conhecimento *deste* mundo ao conceito de Deus e à prova de sua existência, é impossível porque não nos compete conhecer este mundo como o todo mais perfeito; por conseguinte, para esse fim, deveríamos conhecer todos os mundos possíveis (para poder confrontá-los com este) e, portanto, ser oniscientes para afirmar que este mundo só é possível por meio de um Deus (para afirmar como se deveria, para nós, conceber esse conceito). Mas, além disso, é absolutamente impossível conhecer a existência desse ser inteiramente a partir de simples conceitos, porque toda proposição relativa à existência, isto é, tal como afirma de um ser, do qual me formo um conceito, que ele existe, é uma proposição sintética, isto é, uma proposição por meio da qual vou além desse conceito e afirmo dele mais do que era pensado nele, ou seja, que a esse conceito que está *no entendimento* corresponde um objeto *fora do entendimento*, o que é manifestamente impossível de descobrir por meio de qualquer raciocínio.

Para a razão não resta, portanto, senão uma única maneira de proceder para chegar a esse conhecimento, ou seja, determinar seu objeto partindo, como razão pura, do princípio supremo de seu uso prático puro (pois esse uso só visa de qualquer forma à *existência* de algo, como consequência da razão). E é ali que se apresenta não somente, com a tarefa inevitável imposta pela razão, isto é, a necessária tensão da vontade para o sumo bem, a necessidade de admitir esse ser original em relação com a possibilidade desse bem no mundo, mas, o que é mais notável, algo que fazia realmente falta ao progresso da razão no caminho natural, ou seja, um *conceito exatamente determinado desse ser original.*

Uma vez que só podemos conhecer uma pequena parte deste mundo e que não podemos muito menos compará-lo com todos os mundos possíveis, podemos com certeza concluir, portanto, pela ordem, pela finalidade e pela grandeza que apresenta, que o autor deste mundo é *sábio, bom, poderoso,* etc., mas não podemos deduzir *a onisciência, a bondade infinita e a onipotência* desse autor. Podemos ainda admitir que temos o direito de suprir essa inevitável lacuna por uma hipótese permitida e totalmente razoável, isto é, que, se em todos os pontos que se apresentam a um conhecimento mais preciso de nossa parte transparece sabedoria, bondade, etc., então o mesmo deverá ocorrer em todos os outros e que, portanto, é razoável atribuir ao autor do mundo toda a perfeição possível; estes não são, todavia, *raciocínios* que possam nos permitir nos iludir sobre nossa penetração, mas somente direitos que podem nos ser concedidos e que, apesar disso, necessitam ainda de uma habilitação vinda de outro lugar para que possamos fazer uso dela. O conceito de Deus permanece sempre, portanto, quando se segue o caminho empírico (da física), um *conceito* da perfeição do ser primeiro *que não é bem exatamente determinado* para que se possa considerá-lo adequado ao conceito de uma divindade (com a metafísica, pelo contrário, em sua parte transcendental, não se pode obter absolutamente nada).

Tento, portanto, conformar esse conceito com o objeto da razão prática e descubro nisso que a proposição fundamental moral não admite esse objeto como possível a não ser sob a suposição de um autor do mundo que possua a *suprema perfeição.* É necessário que ele seja *onisciente* para conhecer minha conduta até na intimidade última de minha resolução em todas as situações possíveis e em todo o tempo futuro; é necessário que seja *onipotente* para dar a minha conduta as consequências adequadas a ela, como também que seja *onipresente, eterno,* etc. Por conseguinte, a lei moral, por meio do conceito do sumo bem como objeto da razão prática pura, determina o conceito do ser original *como ser supremo,* o que não pôde ser feito pela via física (e prosseguindo para o alto, pela via metafísica) e, portanto, toda a via especulativa da razão. Assim, pois, o conceito de Deus é um conceito que originalmente não remonta à física, isto é, à razão especulativa, mas à moral, podendo-se dizer igualmente o mesmo dos outros conceitos da razão, de que já tratamos anteriormente, como postulados da razão em seu uso prático.

Se na história da filosofia grega não se encontra, antes de *Anaxágoras*[5], nenhum indício manifesto de uma teologia racional pura, o motivo reside no fato de que aos filósofos mais antigos faltaram compreensão e perspicácia para elevar-se a essa teologia por meio da especulação, pelo menos com o auxílio de uma hipótese inteiramente racional. Que poderá ser mais fácil, mais natural do que o pensamento que se apresenta por si mesmo a cada um, de admitir, em lugar de diversas causas do mundo que apresentam graus de perfeição indeterminados, uma causa única racional que possua *toda a perfeição*? Mas os males do mundo lhes pareciam constituir objeções demasiado fortes para que se sentissem autorizados a adotar semelhante hipótese. Por conseguinte, mostraram com isso precisamente entendimento e penetração não admitindo essa hipótese e procurando de preferência nas causas naturais se entre elas não poderiam ser encontradas a constituição e o poder requeridos para o ser original. Mas quando esse povo arguto progrediu em suas investigações até tratar filosoficamente dos próprios objetos morais, sobre os quais outros povos não tinham feito mais do que tagarelar, então se depararam primeiramente com uma nova exigência, isto é, uma necessidade prática, que não deixou de lhes fornecer o conceito determinado do ser original, enquanto a razão especulativa devia se satisfazer com o papel de espectadora ou, quando muito, com o mérito que podia assumir de ornamentar um conceito que não se havia desenvolvido em seu solo e de promover com uma série de confirmações tiradas do estudo da natureza que, somente então, puderam surgir, não para dar-lhes autoridade desse conceito (que já havia sido estabelecido), mas antes a possibilidade de exibir-se com uma pretensa penetração teórica da razão.

À luz dessas observações, o leitor da crítica da razão especulativa pura acabará por se convencer como era fundamentalmente necessária, como era útil, para a teologia e a moral, a difícil *dedução* das categorias. De fato, é somente por meio dela que se pode evitar, situando-as no intelecto puro, de conceituá-las com Platão como inatas e de fundamentar

---

(5) Anaxágoras (500-428 a.C.), filósofo, mas especialmente meteorologista e fisiologista, pois sua obra *Física* trata dos corpos elementares reais do mundo contrapostos ao intelecto ou à inteligência humana (NT).

nelas pretensões transcendentais com teorias do suprassensível que logo vão desaparecer, mas com isso transformando a teologia em lanterna mágica para fantasmagorias; e, considerando-as como adquiridas, evitar a limitação que faz Epicuro de seu uso em qualquer caso, mesmo no sentido prático, só em relação a objetos e a fundamentos sensíveis da determinação. Evidentemente, porém, tudo isso não pode ser evitado senão depois que a crítica, nessa dedução, tiver demonstrado *primeiramente* que não são de origem empírica, mas que têm *a priori* seu fundamento e sua fonte no entendimento puro; *em segundo lugar* também que, como elas são relacionadas *a objetos em geral*, independentemente da intuição desses objetos, não podem certamente produzir um *conhecimento teórico* senão quando aplicadas a objetos *empíricos*, mas que servem também, apesar de tudo, aplicadas a um objeto dado pela razão prática pura, *para o pensamento determinado do suprassensível*, sob a condição, contudo, que esse pensamento não seja determinado senão por predicados que pertencem necessariamente à intenção *prática* pura, dada *a priori*, e à sua possibilidade. Limitar, quanto à especulação, a razão pura e ampliá-la praticamente, somente isso é que a conduz a essa *relação de igualdade* em cujo quadro a razão em geral pode ser utilizado em conformidade com seus fins e esse exemplo demonstra, melhor que qualquer outro, que é necessário que o caminho para a *sabedoria*, se deve ser seguro e não se tornar impraticável ou nos desviar, passa inevitavelmente em nós, homens, pela ciência, ou seja, que isso não nos pode convencer, de que a ciência é que conduz a esse fim, a não ser depois de ter percorrido todo o caminho.

8. Do Ato de Considerar como Verdadeiro Provindo de uma Necessidade da Razão Pura

Uma *necessidade* da razão pura em seu uso especulativo conduz somente a *hipóteses*, enquanto uma necessidade da razão prática pura conduz a *postulados*, porque, no primeiro caso, me elevo do derivado tão alto *como quero* na série dos fundamentos e tenho necessidade de um fundamento original, não para dar a esse derivado (por exemplo, à ligação causal das coisas e das mudanças no mundo) realidade objetiva, mas somente para satisfazer inteiramente minha razão em suas investigações a respeito desse derivado. Assim, vejo diante de mim ordem e finalidade na natureza e não tenho necessidade de recorrer à especulação para assegurar-me da *realidade efetiva* de ambas, mas somente para *explicá-las*, de *supor uma divindade* como sua causa, uma vez que tal suposição – porque o raciocínio que conclui de um efeito a uma causa determinada, especialmente a uma causa tão exata e completamente determinada como é aquela que devemos pensar em Deus, é sempre incerta e penosa – não pode jamais ser levada a um grau mais elevado que aquele que constitui para nós, homens, a opinião mais racional[6].

Por outro lado, uma necessidade da razão *prática* pura é fundamentada num *dever*, o de tomar algo (o soberano bem) como objeto de minha vontade para promovê-lo com todas as minhas forças; mas para isso devo supor a possibilidade desse objeto e, por conseguinte, também as condições necessárias dessa possibilidade, a saber, Deus, a liberdade e a imortalidade, porque não posso demonstrá-las por meio de minha razão especulativa, nem tampouco certamente refutá-las. Esse dever está fundamentado numa lei, imediata e inteiramente independente dessas últimas suposições, apoditicamente certa por si mesma, isto é, na lei moral, e não há necessidade, portanto, de qualquer outro apoio externo vindo de uma opinião teórica sobre a constituição interna das coisas, sobre o fim secreto da ordem no mundo ou sobre um governante que o presida, para nos obrigar perfeitamente a ações incondicionalmente conformes à lei. Mas o efeito subjetivo dessa lei, isto é, a *resolução*, a ela conforme e também tornada necessária por ela, para promover o supremo bem praticamente possível, supõe no mínimo que este último seja *possível*, porque, caso contrário, seria praticamente impossível perseguir o objeto de um conceito que fosse, no fundo, vazio e sem objeto.

Ora, os postulados mencionados só se referem às condições físicas ou metafísicas, numa palavra, às condições localizadas na natureza das coisas, da *possibilidade* do sumo bem, não em vista de qualquer intenção especulativa, mas em vista de um fim praticamente necessário da vontade racional pura, que aqui não *escolhe*, mas *obedece* a um preceito inflexível da razão, que se fundamenta *objetivamente* na constituição das coisas tal como devem ser julgadas universalmente pela razão pura, e não se fundamenta certamente na *inclinação* que, em vista do que *desejamos* por razões *puramente subjetivas*, não está de forma alguma autorizada a admitir logo como possíveis os meios

---

(6) Nem mesmo aqui, porém, poderíamos invocar uma necessidade *da razão* se não tivéssemos diante dos olhos um conceito da razão problemático, mas inevitável, ou seja, aquele de ser absolutamente necessário. Ora, este conceito exige ser determinado e assim, quando sobrevém o desejo de ampliação, o fundamento objetivo de uma necessidade da razão especulativa, ou seja, determinar com maior precisão o conceito de um ser necessário que deve servir de fundamento original a outros seres e, portanto, caracterizar com isso esse ser. Sem esses problemas necessários e anteriores, não há *necessidades*, pelo menos da razão pura; as outras são necessidades da *inclinação*.

para consegui-lo, ou seja, o próprio objeto como efetivamente real. Assim, portanto, essa é uma *necessidade numa intenção absolutamente necessária* e que justifica que se suponha, não só como hipótese permitida, mas como postulado numa intenção prática; e, desde que se conceda que a lei moral pura obriga inflexivelmente cada um como mandamento (não como regra de prudência), o homem íntegro pode muito bem afirmar: *quero* que exista um Deus, *quero* que minha existência neste mundo seja também, fora da conexão natural, uma existência num mundo puro do intelecto, *quero* finalmente que minha duração seja também infinita, nisso persisto firmemente e não consinto que essa fé me seja arrebatada, pois, é a única coisa na qual meu interesse, desde que não me é absolutamente permitido moderá-lo, determina inevitavelmente meu juízo, sem levar em conta sutilezas, embora eu não esteja em situação de contestá-las ou de contrapor-lhes argumentos mais convincentes[7].

Para evitar interpretações errôneas no emprego de um conceito ainda tão desusado como o de uma fé racional prática pura, que me seja permitido acrescentar ainda uma observação. Poderia até parecer que esta fé racional fosse aqui enunciada como um *mandamento*, isto é, o de admitir como possível o sumo bem. Mas uma fé imposta é uma coisa absurda. Recordemos, contudo, a análise anterior daquilo que pedimos que se admita no conceito do sumo bem e concluir-se-á que não é lícito ordenar, de modo algum, a aceitação dessa possibilidade, não se podendo exigir sua admissão de qualquer intenção prática, porquanto a razão especulativa deve admiti-la sem que a isso seja obrigada, desde que ninguém, apesar disso, pode querer afirmar que seja *impossível* uma dignidade em si, conforme à lei moral, de que os seres racionais no mundo sejam felizes em relação a uma posse dessa felicidade proporcionada àquela dignidade. Ora, no que se refere ao primeiro elemento do sumo bem, ou seja, no que se refere à moralidade, a lei moral nos dá simplesmente um mandamento e, duvidar desse elemento constitutivo, viria a lançar dúvidas

---

(7) Em *Deutschen Museum* de fevereiro de 1787, encontra-se uma dissertação de um espírito muito refinado e lúcido, o falecido *Wizenmann*, cuja morte prematura é de lamentar, dissertação na qual contesta o direito de concluir de uma necessidade a realidade objetiva do objeto dessa necessidade e explica sua opinião pelo exemplo de um *namorado* que, tendo enlouquecido por uma ideia de formosura que não passa de uma quimera de seu cérebro, quisesse deduzir disso que semelhante objeto se encontra realmente em algum lugar. Dou-lhe absoluta razão em todos os casos em que a necessidade se fundamente na *inclinação*, a qual nem mesmo pode necessariamente postular a existência de seu objeto para quem por ela está afetado e muito menos contém uma exigência válida para cada um, sendo, portanto, somente um fundamento *subjetivo* dos desejos. Mas aqui se trata de uma *necessidade da razão*, nascida de um fundamento *objetivo* da determinação da vontade, ou seja, da lei moral, que obriga necessariamente todo ser racional e, portanto, justifica *a priori* supor as condições que, na natureza, são conformes à lei e torna essas condições inseparáveis do uso prático integral da razão. É um dever tornar efetivo, na medida do possível, o sumo bem; é necessário, por conseguinte, que seja também possível e, portanto, é igualmente inevitável para todo ser racional no mundo supor o que é necessário para a possibilidade objetiva do soberano bem. Essa suposição é tão necessária como a lei moral, em relação à qual é unicamente válida.

sobre a própria lei moral. Mas no que se refere ao segundo elemento desse objeto, isto é, à felicidade constantemente conforme a essa dignidade, não há realmente necessidade, na verdade, de um mandamento para reconhecer a possibilidade dessa felicidade em geral, pois a razão teórica nada tem a objetar a isso; é somente a *maneira pela qual* devemos pensar semelhante harmonia das leis da natureza com aquelas da liberdade que apresenta um aspecto a propósito do qual nos cabe fazer uma *escolha*, porque a razão teórica, a esse respeito, não decide nada com uma certeza apodítica e, no tocante a essa certeza, pode haver um interesse moral que faça pender a balança.

Havia dito anteriormente que, se for observado um simples processo natural no mundo, não se pode esperar nele a felicidade exatamente conforme ao valor moral e que convinha tê-lo como possível; e que, portanto, não se pode, sob esse aspecto, reconhecer a possibilidade do sumo bem a não ser na suposição de um autor moral do mundo. Foi intencionalmente que diferi o fato de limitar esse juízo às condições *subjetivas* de nossa razão, para fazer uso dele somente quando se trataria de determinar mais adiante o modo do ato de considerá-las como verdadeiras. Com efeito, essa impossibilidade é *simplesmente subjetiva*, ou seja, que nossa razão tem como *impossível para ela* tornar concebível, segundo um simples curso natural, uma relação tão exatamente adequada e sempre conforme a seu fim entre duas séries de acontecimentos que se produzem no mundo segundo leis tão diferentes; embora ela não possa demonstrar tampouco, como para tudo aquilo que, aliás, na natureza é conforme a um fim, a impossibilidade dessa relação segundo leis universais da natureza, isto é, demonstrar isso de modo suficiente partindo de fundamentos objetivos.

É aqui, porém, que entra em jogo um fundamento da decisão de outra espécie para fazer pender a balança na hesitação da razão especulativa. O mandamento de promover o sumo bem está objetivamente fundamentado (na razão prática) e a possibilidade do sumo bem em geral é também objetivamente fundamentada (na razão teórica, que nada tem a objetar em contrário). Mas o que a razão não pode decidir objetivamente é de que modo devemos nos representar essa possibilidade: se segundo leis universais da natureza, sem um sábio autor que presida essa natureza, ou unicamente supondo esse autor.

Ora, aqui se apresenta uma condição *subjetiva* da razão: a única maneira teoricamente possível para ela e, ao mesmo tempo, a única útil para a moralidade (que é submetida a uma lei *objetiva* da razão) conceber a exata concordância do reino da natureza com o reino da moralidade como condição da possibilidade do sumo bem. Ora, uma vez que promover este último e, por conseguinte, a suposição de sua possibilidade, é *objetivamente* (mas somente segundo a razão prática) necessário, mas que ao mesmo tempo a maneira pela qual queremos, para nós, pensá-lo como possível, e oferecido a nossa escolha, não qual, contudo, somos levados por um interesse livre da razão prática pura para decidir admitir um sábio autor do mundo, o princípio que determina nisso nosso juízo é certamente *subjetivo*, como necessidade, mas é ao mesmo tempo também, como meio de promover o que é *objetivamente* (praticamente) necessário, o fundamento de uma *máxima* do ato de considerar como verdadeiro numa intenção prática, ou seja, *uma crença racional prática pura*. Essa crença, portanto, não é ordenada, mas derivada da resolução moral como uma determinação espontânea de nosso juízo em admitir essa existência e colocá-la, além disso, como base do uso da razão, determinação essa que é livre e consciente para o propósito moral (mandamento), sendo também concordante com a necessidade teórica da razão; por conseguinte, naqueles que forem moralmente bem intencionados, embora essa fé possa vacilar com frequência, nunca poderá fazê-los cair na incredibilidade.

9. Da Relação Sabiamente Proporcional das Faculdades de Conhecer do Homem com seu Destino Prático

Se a natureza humana é destinada a tender ao sumo bem, deve-se também admitir que a medida de suas faculdades de conhecer, e principalmente a relação dessas faculdades entre si, é apropriada a esse fim. Ora, ocorre que a crítica *especulativa* pura demonstra a extrema incapacidade desta última em resolver, de maneira conforme ao fim, os problemas mais importantes que lhe são propostos, embora não ignore as indicações naturais, e que não se pode não ver, que essa mesma razão precisamente dá, exatamente como os grandes passos que pode dar para se aproximar desse fim elevado que lhe é assinalado, mas sem, contudo, jamais atingi-lo por si mesma, nem que seja com a ajuda do maior conhecimento possível da natureza. Parece, portanto, que aqui a natureza nos tratou somente *à maneira de uma madrasta* quando se tratou de nos dotar da faculdade de que temos necessidade para nosso fim.

Supondo, porém, que ela se tenha conformado nisso com nosso desejo e que nos tenha dado participação nessa capacidade de penetração ou essas luzes que gostaríamos de possuir ou que alguns *imaginam* sem dúvida ter efetivamente em sua posse, qual poderia realmente ser, segundo todas as aparências, a consequência?

A menos que ao mesmo tempo toda a nossa natureza não se tivesse transformado, as *inclinações*, que têm evidentemente sempre a primeira palavra, reclamariam primeiramente sua satisfação e, unidas à reflexão racional, sua satisfação máxima e mais duradoura possível, sob o nome de *felicidade*; logo se manifestaria a lei moral para manter as mesmas em seus limites convenientes, incluindo-se nisso a submissão de todas elas em conjunto a um fim superior que não leva em conta qualquer inclinação. Mas em lugar da luta que a resolução moral deve sustentar agora com as inclinações, luta na qual a alma, após alguns reveses, vai no entanto adquirindo aos poucos força moral, *Deus* e a *eternidade*, com sua *temível majestade*, estariam sem cessar *diante de nossos olhos* (pois o que podemos demonstrar perfeitamente tem o mesmo valor, quanto à certeza, que aquilo de que nos podemos certificar com nossos próprios olhos).

A transgressão da lei seria sem dúvida evitada, o mandamento seria cumprido, mas como a *resolução* a partir da qual ações devem ser produzidas não pode nos ser inspirada por nenhum mandamento, por outro lado, o aguilhão da atividade está aqui sempre à mão e é *externo*, prescindindo a razão de qualquer esforço para recolher diante de tudo isso, por meio da representação viva da dignidade da lei, as forças por meio das quais possa resistir às inclinações, a maior parte das ações conformes à lei ocorreriam por temor, poucas por esperança e absolutamente nenhuma por dever, não existindo, nesse caso, o valor moral das ações, do qual não só depende o valor do indivíduo e até aquele do mundo aos olhos da suprema sabedoria.

A conduta dos homens, enquanto durasse sua natureza e tal como é hoje, seria, portanto, transformada num simples mecanismo em que, como ocorre no teatro de fantoches, todos *gesticulariam* perfeitamente bem, mas não se encontraria *nenhuma* vida nas figuras. Mas como ocorre de forma totalmente diversa em nós, como, apesar de todos os esforços de nossa razão, temos do futuro somente uma perspectiva muito obscura e incerta, como o governante do mundo nos deixa somente conjeturar e não perceber ou claramente demonstrar sua existência e sua majestade, como, pelo contrário, a lei moral que está em nós, sem nos prometer ou nos fazer temer qualquer coisa com certeza, exige de nós um respeito desinteressado, ao mesmo tempo que nos abre, contudo, quando esse respeito se tornou ativo e dominante, mas somente então e somente por esse meio, perspectivas sobre o reino do suprassensível, embora se trata somente de visão fraca, pode, portanto, haver lugar para uma resolução verdadeiramente moral, imediatamente consagrada à lei e a criatura racional pode se tornar digna de ter parte no soberano bem, parte correspondente ao valor moral de sua pessoa e não simplesmente a suas ações.

O que o estudo da natureza e do homem nos ensina, portanto, e por outro lado de modo suficiente, poderia ainda aqui se confirmar pertinente, ou seja, que a sabedoria impenetrável, por meio da qual existimos, não é menos digna de veneração por aquilo que nos negou do que pelo que nos concedeu.

SEGUNDA PARTE
CRÍTICA DA RAZÃO PRÁTICA

DOUTRINA DO MÉTODO DA RAZÃO PRÁTICA PURA

Pela *doutrina do método* da razão *prática* pura não se pode entender o modo de proceder (tanto na reflexão como na exposição) com proposições fundamentais práticas puras em vista de um conhecimento *científico* por essa razão, o que se denomina habitualmente método unicamente apropriado para a razão *teórica* (pois o conhecimento popular necessita de um *modo*, enquanto a ciência necessita de um *método*, isto é, um modo de proceder *segundo princípios* da razão, pelos quais apenas o diverso de um conhecimento pode se tornar um sistema). Entende-se antes realmente por essa doutrina do método a maneira pela qual se pode assegurar às leis da razão prática pura um acesso ao espírito humano, *influência* sobre suas máximas, ou seja, tornar de igual modo subjetivamente prática a razão que é objetivamente prática.

Ora, é evidente que é necessário que aqueles fundamentos da determinação da vontade que sozinhos tornam as máximas propriamente morais e lhes conferem um valor moral, ou seja, a representação imediata da lei e da observância objetivamente necessária dessa lei, enquanto dever, sejam representados como os móveis das ações, pois, sem isso, o efeito produzido seria certamente a *legalidade* das ações, mas não a *moralidade* das resoluções. Não é, porém, tão evidente, sendo até inverossímil à primeira vista, que também subjetivamente essa apresentação da virtude pura possa ter *um poder maior* sobre o espírito humano e fornecer um móvel bem mais poderoso para realizar como efeito próprio essa legalidade das ações e produzir resoluções mais enérgicas, de forma a preferir a lei por puro respeito a ela a qualquer outra consideração, que jamais possam ter ou fornecer como seu efeito todas as seduções que provêm do reflexo dos prazeres ou, em geral, de tudo o que pode ser compreendido na felicidade, ou ainda de todas as ameaças de dores e males. Entretanto, é exatamente assim e, se a natureza humana não tivesse sido constituída dessa forma, nenhuma representação da lei, representação que apelasse a rodeios e a meios que permitissem recomendá-la, jamais poderia, por outro lado, produzir a moralidade da resolução.

Tudo não passaria de hipocrisia, a lei seria odiada e até mesmo desprezada, embora pudesse ser observada em vista de proveito próprio. A letra da lei (legalidade) estaria presente em nossas ações, mas seu espírito estaria totalmente ausente de nossas resoluções (moralidade) e como, apesar de todos os nossos esforços, não podemos, contudo, nos desfazer de todo da razão em nosso juízo, seria inevitavelmente necessário que aparecêssemos a nossos próprios olhos como homens sem valor, abjetos, mesmo que tratássemos de nos compensar dessa humilhação diante do foro íntimo, pelo fato de gozar de prazeres que uma suposta lei natural ou divina teria ligado, segundo nosso delírio, ao mecanismo de sua política que se regularia simplesmente por aquilo que se faz, sem se preocupar com fundamentos que põem em movimento, fundamentos por meio dos quais se opera.

Sem dúvida, não se pode negar que, para fazer entrar no caminho do bem moral somente um espírito ainda inculto ou já corrompido, se tenha necessidade de algumas instruções preparatórias para atraí-lo em vista de sua vantagem pessoal ou assustá-lo pelo temor de um dano; mas logo que esse mecanismo, logo que esse recurso produziu um mínimo efeito, é absolutamente necessário que seja apresentado à alma o fundamento moral puro que põe em movimento, o qual, não somente porque é o único a fundamentar um caráter (uma forma de pensar prática consequente, segundo máximas firmes), mas também porque ensina ao homem a perceber sua própria dignidade, confere ao espírito uma força que nem ele próprio esperava, permitindo-lhe desvincular-se de todo apego sensível, mesmo que este tivesse tendência em se impor, e encontrar na independência de sua natureza inteligível e na grandeza de alma para a qual se vê destinado uma compensação mais que suficiente pelos sacrifícios que faz.

Vamos, portanto, demonstrar, por meio de observações que cada um pode fazer, que essa propriedade de nosso espírito, essa receptividade por um interesse moral puro e, por conseguinte, a força motriz que provém da pura representação da virtude, se for convenientemente proposta ao coração humano, é o motor mais poderoso para o bem e, tratando-se da duração e da pontualidade na observância das máximas morais, o motor único que impele ao bem; deve-se, contudo, nessa ocasião, lembrar ao mesmo tempo que, se essas observações provam somente a realidade efetiva de semelhante sentimento, mas não uma melhoria moral à qual se teria chegado por meio deste último, isso não traz prejuízo de forma alguma – como se ela não passasse de vã fantasia – ao único método que permite tornar subjetivamente práticas, pela simples representação pura do dever, as leis práticas objetivas da razão pura. De fato, como esse método nunca foi posto em prática, a experiência nada pode evidentemente atestar a respeito de seu resultado, mas somente se pode exigir provas de nossa receptividade a semelhantes móveis, provas que pretendo agora apresentar com brevidade, para esboçar em seguida de forma sucinta o método a seguir para fundamentar e cultivar verdadeiras resoluções morais.

Considerando o desenrolar de conversações em sociedades mistas que não sejam compostas somente de sábios e de pensadores, mas também de homens de negócios e de mulheres, observa-se que, além das anedotas e das brincadeiras, há ainda outra forma de conversa nesses encontros, ou seja, a controvérsia; de fato, a anedota, que para ter interesse deve ser inédita e despertar algum interesse, logo se esgota, e a brincadeira se torna facilmente insípida. Mas entre todos os raciocínios não há nenhum que seja tão bem acolhido entre pessoas para as quais, por outro lado, toda a discussão sutil logo causa um profundo fastio, que melhor anime uma sociedade do que aquele que versa sobre o valor moral desta ou daquela ação e tem por objeto decidir a respeito do caráter de alguma pessoa. Aqueles para quem tudo o que é sutil e profundo nas questões teóricas, tendo-as como secas e desagradáveis, logo se intrometem na conversa quando se trata de julgar o valor moral de uma ação boa ou má; e no que se refere à imaginação teimam em salientar tudo o que possa rebaixar a pureza da intenção e, por conseguinte, o grau de virtude da mesma, ou pelo menos torná-la suspeita, colocando nesse propósito uma exatidão, uma fineza, uma sutileza que nunca se poderia esperar delas, tratando-se de um objeto de especulação.

Nesses juízos pode-se ver transparecer muitas vezes o caráter das próprias pessoas que julgam as outras; algumas dessas pessoas parecem mais inclinadas, exercendo sua função de juiz de preferência sobre os mortos, a defender contra todas as acusações humilhantes o que nas mesmas possa haver de bem, protegendo o valor moral total da pessoa contra a acusação de hipocrisia ou de maldade dissimulada; outras, de modo inverso, são propensas a acusar e a incriminar, inclinando-se antes de tudo a contestar qualquer valor que possam ter. Não se pode, contudo, atribuir a estes últimos a intenção de eliminar toda a virtude nos exemplos que são narrados dos homens, para fazer dela uma palavra vazia; muitas vezes se trata somente de uma severidade bem intencionada na determinação do teor moral verdadeiro segundo uma lei inflexível que, tomada como termo de comparação, uma vez que os exemplos não têm como desempenhar esse papel, rebaixa consideravelmente a presunção em matéria de moral e não ensina simplesmente a modéstia, mas a faz evocar a quem quer que seja que se examine sem complacência. Em muitos casos, porém, pode-se observar que os defensores da pureza da intenção nos exemplos citados, querem apagar na mesma até a mínima das manchas que possam salpicar o fundamento da ação em que se baseiam, fazendo-o porque, se for negada a verdade de todos os exemplos e repelida a pureza na virtude humana, acabaria esta sendo considerada como uma quimera e, por conseguinte, todo o esforço para consegui-la resultaria menosprezado como afetação supérflua e presunção enganosa.

Não compreendo por que os educadores da juventude não fizeram há mais tempo uso dessa tendência da razão em empreender com satisfação o exame mais sutil das questões práticas propostas e porque, depois de ter posto como base um catecismo meramente moral, não procuraram nas biografias antigas e modernas para dispor de documentos dos deveres propostos, por meio das quais, principalmente comparando ações semelhantes em circunstâncias diversas, poriam em jogo o juízo de seus educandos no discernimento do maior ou menor conteúdo moral dessas ações. Concluiriam logo com isso que, inclusive a primeira juventude ainda não amadurecida para a especulação, logo se torna muito mais perspicaz e, além disso, chega a interessar-se diante do sentido que possui do progresso de sua faculdade de julgar. Outra coisa ainda mais importante podem esperar, por meio da certeza de que o exercício frequente de conhecer a boa conduta em toda a sua pureza e de aprová-la, assim como também de observar, compungidos ou reprovando, o mínimo deslize da mesma, embora até então se realize apenas como um simples jogo do juízo, no qual as crianças competirão entre elas, deixando uma impressão duradoura, por um lado de alto respeito e por outro de repulsa, podendo constituir-se assim, para a vida, no futuro, uma excelente base de retidão por meio do simples costume de considerar frequentemente essas ações como dignas de elogios ou de censura. Desejo somente que se poupe a eles esses exemplos de ações denominados *nobres* (de um mérito fora do comum), dos quais nossos escritos sentimentais são de tal forma pródigos e que se referem em tudo ao dever e ao valor que um homem pode e deve atingir, julgando-se a seus próprios olhos um homem que tem a consciência de nada haver infligido, porquanto essas aspirações de uma perfeição inacessível só produzissem heróis de romance, os quais, orgulhando-se de seu sentimento por aquilo que é extraordinariamente grande, se isentam, por outro lado, de observar o que é comum e praticável, cumprir com suas obrigações, que lhes parece por demais pequeno e até insignificante[1].

Se perguntarmos, porém, o que é propriamente a *pura* moralidade que nos deve servir de pedra de toque para examinar o teor moral de toda ação, devo confessar que somente os filósofos podem tornar duvidosa a resolução desta questão, porque na razão humana comum está decidida há longo tempo, não sem dúvida por fórmulas gerais abstratas, mas seguramente pelo uso constante, por assim dizer como a distinção entre a mão direita e a esquerda. Vamos, portanto, antes de tudo mostrar com um exemplo o caráter distintivo da pura virtude e, supondo o exemplo proposto ao juízo de um menino de dez anos, veremos por esse menino, por si mesmo e sem auxílio de seu mestre, se deveria julgar necessariamente assim.

Contem a história de um homem honrado que se pretende impeli-lo a juntar-se aos difamadores de uma pessoa inocente, mas sem prestigio

---

(1) Exaltar ações em que brilham uma grande resolução desinteressada e simpática e um sentimento de humanidade é algo que se pode recomendar. Mas aqui se deve atrair a atenção não tanto sobre a *elevação da alma*, que é instável e passageira, mas muito mais sobre a *submissão do coração ao dever*, da qual se pode esperar um impressão mais duradoura, porque esta comporta proposições fundamentais (enquanto a elevação da alma não comporta senão uma efervescência). Basta refletir um pouco e sempre se haverá de encontrar alguma falta cometida de alguma forma com relação aos homens em geral (mesmo que fosse somente a de usufruir de vantagens devidas à desigualdade dos homens na constituição civil, das quais resultam outros privilégios por causa dos quais outros homens devem suportar mais privações), falta que faz com que não possamos nos permitir, pela pretensão insinuada pelo amor-próprio de ter agido de *forma meritória*, excluir o pensamento do *dever*.

(como, por exemplo, Ana Bolena, acusada por Henrique VIII, rei da Inglaterra)[2]. Oferecem a esse homem grandes vantagens, como ricos presentes ou uma posição de destaque, mas ele os recusa. Essa conduta provocará simplesmente apoio e aprovação no ânimo do ouvinte, porque se trata de vantagens. Começam então a ameaçá-lo. Entre esses difamadores, estão seus melhores amigos que agora lhe recusam sua amizade, seus parentes próximos que ameaçam deserdá-lo (ele que não tem fortunas), indivíduos poderosos que podem persegui-lo e humilhá-lo em qualquer lugar e ocasião, um soberano que ameaça tirar-lhe a liberdade e até a própria vida. Mas para que extravase a medida do sofrimento e para fazer-lhe sentir também a dor que só um coração moralmente bom pode sentir intimamente, falam de sua família que será ameaçada pela extrema miséria e necessidade, *suplicando-lhe que ceda*; pode-se também imaginar o mesmo, apesar de honesto, de uma constituição invulnerável e insensível ao sentimento da compaixão e ao de sua própria miséria, num momento em que não desejaria ter jamais vivido este dia que o submete a tão rude dor, fiel, entretanto, a seu propósito de honradez, sem qualquer vacilação ou dúvida. Então o jovem ouvinte vai se elevando gradativamente da simples aprovação à admiração, desta ao assombro e, finalmente, à maior veneração e ao vivo desejo de poder ser ele esse homem (embora não em semelhante situação).

A virtude, contudo, só tem tanto valor nesse caso porque custa muito e não porque traga alguma vantagem. Toda a admiração que esse caráter inspira e o próprio esforço para se assemelhar a ele se baseia aqui inteiramente na pureza da proposição fundamental moral, a qual não pode ser representada corretamente de maneira imediatamente evidente a não ser afastando dos móveis da ação tudo o que os homens podem considerar como algo que faz parte da felicidade. É necessário, portanto, que a moralidade atue tanto mais fortemente no coração humano quanto é representada como mais pura. Disso se segue então que, se a lei moral, se a imagem da santidade e da virtude devem exercer verdadeiramente alguma influência em nossa alma, não podem exercê-la

---

(2) Ana Bolena (1507-1536) foi dama de honra de Catarina de Aragão, esposa de Henrique VIII (1491-1547). A paixão deste por Ana Bolena foi uma das causas da separação da Igreja da Inglaterra daquela de Roma, pois o papa se recusou a anular o casamento do rei com Catarina. Henrique se divorciou desta e rompeu com o papado, fundando a Igreja anglicana, da qual se tornou o chefe supremo. Os católicos foram perseguidos e Henrique desposou Ana Bolena. Pouco tempo depois, desgostando-se dela, o rei a acusou de adultério e Ana foi condenada à morte e imediatamente executada. No dia seguinte, o rei casou com Jane Seymour que veio a falecer após o nascimento de um filho. O rei casou então com Catherine Howard que também foi condenada à morte e executada. Casou-se a seguir com Anne de Clèves que, depois de seis meses, a repudiou para tomar por esposa Catherine Parr; esta sobreviveu ao rei (NT).

senão enquanto é pura, não misturada com intenções visando a nosso bem-estar, que nos seja recomendada como móvel, pois é no sofrimento que ela se mostra da maneira mais brilhante.

Ora, tudo aquilo cuja ausência fortaleça o efeito de uma força motriz deve ser tido como um obstáculo. Por conseguinte, toda adjunção dos móveis emprestados à felicidade pessoal constitui um obstáculo que impede de obter, para a lei moral, influência sobre o coração humano. Afirmo, além disso, que até nessa ação admirada, se o fundamento que pôs em movimento seu autor para que ela se produzisse foi a elevada estima de seu dever, então é justamente esse respeito pela lei e certamente não a pretensão de poder intimamente acreditar em sua própria magnanimidade e no caráter nobre e meritório de sua maneira de pensar, que exerce a maior força sobre o espírito do espectador, e afirmo, por conseguinte, que é necessário que o dever e não o sentimento do mérito tenha sobre o espírito a influência não somente mais determinada, mas também, se for representado sob a verdadeira luz de sua inviolabilidade, a mais penetrante.

Em nossa época, em que se acredita, com a efusão e o desleixo de certos sentimentos ou com pretensões ambiciosas, orgulhosas e que debilitam o coração antes de fortificá-lo, agir mais eficazmente sobre o espírito do que com a representação sóbria e severa do dever, que é mais apropriada à imperfeição humana e ao progresso no bem, é mais necessário que nunca chamar a atenção sobre este método. Propor omo modelos às crianças ações apresentadas como nobres, magnânimas, meritórias, com a ideia de interessá-las nestas últimas, inspirando-lhes entusiasmo, está totalmente em contradição com o fim a ser perseguido. Com efeito, como as crianças estão ainda muito longe da observância do dever mais comum e mesmo de julgá-lo corretamente, isso quer dizer que se faz delas muito cedo umas verdadeiras sonhadoras. Mesmo na parte mais instruída e experimentada da humanidade, esse pretenso meio, se não tiver no coração um efeito prejudicial para a moralidade, de qualquer modo não tem realmente o efeito verdadeiramente moral que se desejaria chegar a produzir por meio dele.

É necessário que todos os sentimentos, especialmente aqueles que devem produzir um esforço desabituado, tenham seu efeito no momento de sua veemência e antes que eles se abrandem, pois, de outro modo não são eficazes; porque o coração torna naturalmente a seu movimento vital moderado, natural, recaindo assim na indiferença que antes lhe era própria; porque, de fato, algo conseguiu excitá-lo, mas nada que o fortalecesse. É necessário que as *proposições fundamentais* sejam estabelecidas sobre conceitos, sobre outros fundamentos só se elevam em movimentos passageiros que não podem proporcionar à pessoa qualquer valor moral, nem mesmo a confiança em si mesmo, sem a qual consciência de sua resolução moral e de um caráter moral, isto é, do supremo bem no homem, não podem se efetivar.

Ora, é necessário que esses conceitos, como devem tornar-se subjetivamente práticos, não se detenham nas leis objetivas da moralidade pra que estas sejam admiradas e estimadas de forma sumamente elevada com relação à humanidade, mas levem em consideração a representação dessas leis em sua relação com o homem e com sua individualidade, uma vez que nesse efeito essa lei aparece sob uma forma que é certamente digna do maior respeito, mas que não é afável como seria se pertencesse ao elemento ao qual o homem está naturalmente habituado; pelo contrário, aparece como o constrangedor a abandonar, não sem abnegação muitas vezes, esse elemento para entrar num elemento mais elevado, no qual não pode, perseguido sem cessar pelo temor de uma recaída, se manter senão com dificuldade. Numa palavra, a lei moral exige sua observância por dever e não por uma predileção que não se pode e não se deve supor.

Vejamos agora, à luz de um exemplo, se na representação de uma ação como nobre e magnânima, há mais força subjetivamente motriz para constituir um móvel do que se for representada simplesmente como um dever relativamente à austera lei moral. A ação A ação pela qual alguém, com o maior perigo de vida, procura salvar náufragos, se acaba ele mesmo deixando a vida, será sem dúvida, por um lado, atribuída ao dever, mas por outro lado também, e com mais frequência, como uma ação meritória, mas nossa elevada estimativa por essa ação resulta verdadeiramente muito atenuada pelo conceito do *dever para consigo mesmo*, que aqui parece ser menosprezado. O generoso sacrifício da vida pela pátria é mais decisivo e, no entanto, se guarda algum escrúpulo quanto à questão de saber se é um dever de tal modo perfeito como aquele que consiste em se consagrar a essa intenção espontaneamente e sem que isso seja ordenado, e a ação não possui a plena força de um modelo e de um encorajamento a ser imitado. Trata-se, porém, de um dever rigoroso, cuja violação fere a lei moral em si e independente de toda a consideração sobre o bem dos homens, e calca aos pés, por assim dizer, a santidade (um desses deveres que se costuma chamar de deveres para com Deus, porque em substância incluímos neles o ideal da santidade); consagramos então o respeito mais perfeito à observância desse dever, sacrificando tudo o que possa ter algum valor para a mais íntima de todas as nossas inclinações, e constatamos que nossa alma se vê fortalecida e elevada por semelhante exemplo, desde que possamos nos convencer com isso que a natureza humana é capaz de uma tão grande elevação, acima de todos os móveis que a natureza puder algum dia lhe opor. Juvenal apresenta exemplo semelhante numa gradação apropriada a fazer sentir vivamente ao leitor a força motora que reside na lei pura do dever como dever:

Esto bonus miles, tutor bonus, arbiter idem
Integer; ambiguae si quando citabere testis
Incertaeque rei, Phalaris licet imperet, ut sis
Falsus, et admoto dictet perjuria tauro:
Summum crede nefas animam praeferre pudori,
Et propter vitam vivendi perdere causas[3].

Se pudéssemos conferir a nossas ações um caráter lisonjeiro qualquer com relação ao que é meritório, então o amor de si já se encontraria confundido com o móvel que recebe, portanto, algum apoio por parte da sensibilidade. Mas submeter tudo à santidade do dever unicamente e ter consciência que se *pode* fazê-lo, porque nossa própria razão o reconhece como seu mandamento e diz que se *deve* fazê-lo, isso significa elevar-se, por assim dizer, completamente acima do próprio mundo sensível. É nessa consciência da lei que se situa, inseparavelmente da mesma, o móvel de um poder *que domina a sensibilidade*, embora nem sempre com o efeito desejado; mas a realização exata desse efeito nos é dado esperar quando, por meio de frequentes ensaios e exercícios de seu uso, inicialmente escassos, nos suscita a esperança de sua realização, produzindo pouco a pouco em nós um interesse maior, embora um interesse moral puro.

O método adota, portanto, esta sequência. *Primeiro*, trata-se somente de fazer do juízo, segundo leis morais, uma atividade natural que acompanha todas as nossas próprias ações assim como a observação

---

(3) Versos extraídos da obra *Satirae* (VIII, 79-84) do poeta latino Decimus Junius Juvenalis (60-140) e que significam: "Sê bom soldado, bom tutor e também árbitro íntegro; se alguma vez te citarem como testemunha num caso ambíguo e incerto, mesmo que Falaris te ordenasse ser falso e mandasse avançar seu touro para te ditar o perjúrio, acredita que é infâmia suprema preferir a vida à honra e, para salvar a vida, perder o que é a razão de viver" (NT).

das ações livres dos outros, de forma a chegar, por assim dizer, ser um costume que se fortaleça em nossa faculdade de julgar, inquirindo primeiramente se a ação é objetivamente conforme *à lei moral* e a qual lei é *conforme*; nesse momento se distingue então a atenção à lei que fornece simplesmente um *fundamento* para a obrigação, da lei que é *obrigatória* para o ato (*leges obligandi a legibus obligantibus*) [4] (como, por exemplo, a lei de que a necessidade dos homens exige de mim, por oposição ao que o direito deles exige de mim, a segunda que prescreve deveres estritos, ao contrário da primeira que exige unicamente deveres amplos) e assim se aprende a distinguir diversas espécies de deveres que se encontram numa mesma ação.

O segundo ponto sobre o qual se deve dirigir a atenção é a questão de saber se a ação foi realmente feita (subjetivamente) *em vista da própria lei moral* e, portanto, se ela não tem somente retidão moral como ato, mas também valor moral como resolução, segundo sua máxima. Ora, não há dúvida que é necessário que esse exercício e a consciência de uma cultura que resulta disso para nossa razão, julgando simplesmente o que é prático, produza aos poucos certo interesse para a própria lei dessa razão e, por conseguinte, para ações moralmente boas. De fato, acabamos por amar aquilo que consideramos como fator principal de conhecimentos amplos no uso mais extenso de nossas faculdades cognoscitivas, ampliação encorajada sobretudo por aquilo que manifesta retidão moral, porquanto é somente nessa ordem de coisas que a razão pode ficar tranquila com o poder que ela tem a determinar *a priori*, segundo princípios, o que deve acontecer. Um naturalista acaba realmente por amar objetos que, no início, ferem seus sentidos, quando descobre a maravilhosa finalidade de sua organização e que assim sua razão se regozija em contemplá-la; Leibniz[5], depois de ter examinado cuidadosamente um inseto ao microscópio, voltou a colocá-lo por precaução sobre sua folha, porque achava que se havia instruído ao observá-lo e que não tinha recebido com isso, por assim dizer, um benefício.

Mas essa ocupação da faculdade de julgar que nos permite sentir nossas próprias faculdades de conhecer não é ainda o interesse que se une às ações e à sua própria moralidade. Apenas faz com que alguém se entretenha com satisfação em formar juízos sobre essa ação dando

---

(4) Expressão latina que significa "leis para obrigar das leis que obrigam" (NT).
(5) Gottfried Wilhelm Leibniz (1646-1716), filósofo e matemático alemão (NT).

à virtude ou ao modo de pensar, segundo leis morais, uma forma de beleza que admiramos, mas que nem por isso a buscamos (*laudatur et alget*)[6]; ocorre o mesmo quando, considerando tudo aquilo que tem subjetivamente como efeito uma espécie de consciência da harmonia de nossas faculdades de conhecer, na qual sentimos que toda a nossa faculdade de conhecer (entendimento e faculdade de imaginar) está fortalecida, produzindo uma satisfação que pode ser comunicada a outras, mas que nos torna indiferentes à existência do próprio objeto, porque esse objeto é considerado apenas como a ocasião de tomar consciência da disposição para talentos em nós, a qual nos eleva acima da animalidade.

É então, porém, que entra em jogo o *segundo* exercício, aquele que consiste em tornar perceptível, na apresentação viva da resolução moral com a ajuda de exemplos, a pureza da vontade, acima de tudo somente como perfeição negativa da própria vontade, porquanto, numa ação realizada por dever, nenhum móvel ligado às inclinações influencia sobre ela como fundamento da determinação; por esse meio, no entanto, o discípulo é mantido atento à consciência de sua *liberdade* e, embora essa renúncia às inclinações suscite uma primeira sensação de dor, lhe anuncia ao mesmo tempo, contudo, permitindo-lhe se furtar da pressão de necessidades mesmo autênticas, que pode se livrar da insatisfação multiforme na qual todas essas necessidades o mantêm, tornando o espírito capaz de sentir um contentamento que provém de outras fontes. O coração fica, de fato, livre e aliviado de um peso que o oprime sempre secretamente, quando, por meio de resoluções morais puras cujos exemplos são propostos, se desvenda ao homem um poder interior, do qual ele mesmo, além disso, não tem plena consciência, a *liberdade interior*, poder de libertar-se da importuna violência das inclinações, a tal ponto que nenhuma, mesmo a mais cara, tenha influência sobre uma resolução, para a qual devemos desde então fazer uso de nossa razão.

Num caso *em que só eu saiba* que a injustiça é responsabilidade minha e em que a confissão espontânea dessa injustiça e a proposta de uma reparação, apesar da forte oposição que encontram na vaidade, no egoísmo e mesmo na antipatia que, aliás, não é injustificada por parte daquele a quem lesei seu direito, consigo, no entanto, me elevar acima de todas essas tergiversações, então fica bem claro que tenho

---

6) Expressão extraída da obra *Satirae* (I, 74) do poeta latino Decimus Junius Juvenalis (60-140) e que significa "é louvada (a probidade), mas treme" (NT).

consciência de uma independência com relação às inclinações e às circunstâncias felizes, além da consciência da possibilidade de bastar-se a si mesmo, possibilidade que em geral é sempre tão salutar para mim em outra intenção. Disso resulta que a lei do dever, no valor positivo que a observância da mesma nos faz sentir, encontrará fácil acesso, graças a esse *respeito para conosco mesmos*, na consciência de nossa liberdade. Se esse respeito for bem estabelecido, se o homem nada teme mais que achar-se, ao se examinar ele próprio interiormente, desprezível e condenável a seus próprios olhos, toda boa resolução moral pode ser adicionada, porque isso constitui a melhor e mesmo a única custódia capaz de impedir a intrusão no espírito de impulsos baixos e propensos à corrupção.

Com isso não quis indicar senão as máximas mais gerais da doutrina do método de uma cultura e de uma prática morais. Como a variedade dos deveres exigiria ainda determinações particulares para cada uma de suas espécies e requereria assim um trabalho extenso, permito-me dar-me por escusado por ter-me contentado com um escrito como este que não passa de um trabalho propedêutico sobres esses pontos fundamentais.

Conclusão

Duas coisas enchem o espírito de uma admiração e de uma veneração sempre novas e sempre crescentes, na medida da frequência e da perseverança com a qual a reflexão a elas se apega: *o céu estrelado acima de mim e a lei moral em mim*. Estas duas coisas, não tenho que procurá-las, como se estivessem envoltas em trevas ou situadas numa região transcendente além de meu horizonte, e não tenho que imaginá-las somente; eu as vejo diante de mim e as conecto imediatamente com a consciência de minha existência.

A primeira começa no lugar que ocupo no mundo sensível exterior e estende a conexão de que faço parte à imensidão indefinida, com mundos além de mundos e sistemas além de sistemas e, ainda, aos tempos ilimitados de seu movimento periódico, no começo destes e em sua duração.

A segunda começa em meu eu invisível, em minha personalidade e me expõe num mundo que tem uma infinidade verdadeira, mas que só o entendimento pode captar e com o qual (mas ao mesmo tempo, com isso, com todos esses mundos visíveis) me reconheço ligado por uma conexão, não simplesmente contingente como a primeira, mas universal e necessária.

O primeiro espetáculo de uma inumerável multidão de mundos aniquila, por assim dizer, minha importância enquanto sou uma *criatura animal* que tem de devolver ao planeta (a um simples ponto no universo) a matéria de que foi formada, depois de ter sido dotada, por um curto espaço de tempo, de força vital.

O segundo, ao contrário, exalta infinitamente meu valor, como *inteligência*, por meio de minha personalidade, na qual a lei moral me revela uma vida independente da animalidade e até mesmo de todo o mundo sensível, pelo menos por quanto se pode inferir da determinação conforme a um fim estabelecido por essa lei para minha existência, determinação que não é limitada às condições e aos limites desta vida, mas que se estende ao infinito.

Mas a admiração e o respeito podem certamente incitar à investigação sem, contudo, suprir sua falta. Que se deve, pois, fazer para empenhar essa investigação de uma maneira eficaz e adequada à sublimidade do objeto?

Exemplos devem servir aqui de advertência, mas também de modelo. A contemplação do mundo começou pelo espetáculo mais grandioso que os sentidos do homem jamais possam oferecer e que nosso entendimento jamais possa suportar de percorrer em sua vasta amplidão e ela encontrou seu fim... com a astrologia.

A moral começou pela mais nobre propriedade da natureza moral, cujo desenvolvimento e cultura têm em vista uma utilidade infinita e ela encontrou seu fim... com a exaltação do espírito ou com a superstição.

Assim ocorre em todas as experiências, ainda que rudimentares, nas quais a parte mais importante do trabalho depende do uso da razão, uso que não se adquire por si, como aquele dos pés por meio do exercício frequente, sobretudo quando se refere a propriedades que não se deixam expor tão imediatamente na experiência comum. Mas assim que tenha sido, embora tardiamente, reconhecida a máxima de realmente examinar de antemão todos os passos que a razão tem intenção de dar e de não deixar de seguir sua marcha de outra forma que não seja na rota de um método previamente bem determinado, imprimir-se-á ao juízo do edifício do mundo uma direção totalmente diversa, obtendo-se então, ao mesmo tempo e por meio desta, um resultado incomparavelmente mais feliz. A queda de uma pedra, o movimento de uma funda, analisados em seus elementos e nas forças por eles exteriorizadas, quando tratados matematicamente produzem finalmente essa concepção do mundo, clara e imutável para todos os tempos, da arquitetura do mundo, e que pode esperar ampliar-se com observações progressivas, sem que subsista o temor de qualquer retrocesso.

Este exemplo pode nos empenhar a seguir igualmente essa via ao tratar das disposições morais de nossa natureza e pode nos dar a esperança de chegar a um sucesso comparavelmente também bom. Com efeito, temos à mão os exemplos da razão que julga moralmente. Ora, decompor estes em seus conceitos elementares, mas pôr à obra, em experiências repetidas feitas sobre o entendimento comum dos homens, por falta daquela da *matemática*, uma maneira de proceder análoga àquela da *química*, visando a *separar* o elemento empírico do elemento racional que é suscetível de ser encontrado nesses exemplos, isso pode nos permitir conhecer com certeza ambos esses elementos em sua *pureza* e aquilo de que cada um deles é capaz por si, e assim prevenir em parte o engano de um juízo ainda *inculto* e não exercitado, em parte (o que é de longe mais necessário) as extravagâncias geniais pelas quais, como isso se produz habitualmente com os adeptos da pedra filosofal, sem pesquisa metódica alguma e sem conhecimento relativo à natureza, tesouros imaginários são prometidos e verdadeiros tesouros desperdiçados.

Numa palavra, a ciência (procurada de maneira crítica e conduzida com método) é a porta estreita que conduz à *doutrina da sabedoria*, se por esta última não se entende somente o que se deve *fazer*, mas o que deve servir de regra aos *mestres* para explanar corretamente e de maneira que seja reconhecível o caminho da sabedoria que cada um deve seguir, e para impedir que os outros se extraviem: uma ciência da qual permanece sempre depositária a filosofia, cuja investigação sutil não requer que o público tome parte, embora lhe seja, contudo, indispensável se interessar pelas *doutrinas* que podem não lhe parecer totalmente claras a não ser depois de tais investigações.

VIDA E OBRA DO AUTOR

Immanuel Kant nasceu em Königsberg no ano de 1724. Considerado um dos maiores filósofos alemães e mesmo do mundo, jamais abandonou sua cidade natal, cidade universitária, onde estudou e lecionou. Metódico como um relógio, cumpriu o mesmo ritual durante toda a sua vida entre sua casa, na qual refletia e elaborava suas obras, e a cátedra na universidade. Sofreu forte influência do luteranismo conservador e puritano, marcado pelo misticismo e pelo pessimismo, que era a religião de sua mãe. Na idade adulta, foi influenciado pelo racionalismo, em voga na época, sobretudo nos grandes centros universitários da Europa. Faleceu em 1804.

Em vida, gozou da proteção e do apoio de Frederico II da Prússia, seu grande admirador. O sucessor, Frederico Guilherme II, ficou perplexo com a publicação da obra A religião nos limites da simples razão e obrigou Kant a não mais escrever sobre religião. Aceitou a imposição, mas considerou-a como restrita a esse soberano, porquanto sob Frederico Guilherme III, não deixou de tomar partido no Conflito das Faculdades, em 1798, e tratou das relações entre religião natural e religião revelada.

IMPRESSÃO E ACABAMENTO:
Gráfica Oceano